自民党崩壊

「維新」は天下を盗れるか

乾 正人
Inui Masato

ビジネス社

はじめに

自民党が、崩壊しつつある。

昭和三十（一九五五）年の結党以来、自民党は過去何度も危機的状況に陥ったが、今度ばかりは、危機の度合いが違う。

直接の引き金は、東京地検特捜部による「政治資金パーティー券裏金スキャンダル」捜査によって政権中枢が大打撃を受けたためだが、問題の根はもっと深い。

日本の保守政治そのものが、大きな転換点を迎えているのだ。

元首相・安倍晋三の暗殺によって、大黒柱を失った自民党が大きく揺らぐであろうことは、前著『安倍なきニッポンの未来　令和大乱を救う13人』（ビジネス社）で予測したが、あれから一年余を経て自民党は、想定以上の混乱ぶりを呈している。

しかも「安倍晋三」にとって代わる政治家も政治勢力も左右ともに、いまだ台頭していない。政界は、先の見えない真っ暗なトンネルに迷い込んでしまったのである。

■マジックナンバー78

歴史という生き物は、恐ろしく悪戯好きで、数字好きだ。

江戸幕府第十五代将軍・徳川慶喜が、京都二条城で、政権を朝廷に返上し、日本が近代国家としてスタートしたのが、慶応三（一八六七）年のこと。

七十八年後の昭和二十（一九四五）年、日本は戦いに敗れ、米戦艦ミズーリ号の艦上で日本全権・重光葵が降伏文書に調印、大日本帝国は崩壊した。

それからまたしても七十八年後の令和五（二〇二三）年、岸田文雄政権は、「パーティー券スキャンダル」の激震に見舞われ、政権は崩壊寸前となった。

ちなみに大政奉還から七十八年前に遡ると、欧州ではフランス革命がおき、新大陸ではジョージ・ワシントンが初代アメリカ大統領に就任している。調子に乗って書けば、トランプは七十八歳で三度目の大統領選に挑戦する。七十八という数字には、何か魔力でもあるのだろうか。

■政治を動かす地検特捜部

「パーティー券スキャンダル」が深刻なのは、一内閣の危機ではなく、自民党全体の危機に拡大してしまったことである。

東京地検特捜部が、自民党の構造そのものである派閥政治を否定するかのような捜査を強行して断罪し、メディアもこぞって同調しているからだ。

誤解を恐れずに書けば、政治資金パーティー券にまつわるキックバックの問題は、ロッキード事件など過去の汚職事件に比べ、スケールがあまりにも小さい。

派閥の資金作りの為に、下げたくもない頭を下げて一枚二万円もするパーティー券を売りまくり、ノルマを超えた分の何割かを「報奨金」としてもらって何が悪い。政治資金収支報告書に書かなかったのも昔からの慣例で、オレだけが悪いわけじゃない。

というのが、当事者である議員や秘書の偽らざる本音だろう。

だから当事者に罪の意識が薄く、謝罪しても上っ面だけになりがちで、余計に有権者の怒りを買ってしまった。次期衆院選で、自民党は「有権者の怒り」の洗礼をまともに受けるだろう。それこそが、地検特捜部が狙っている「社会的制裁」だ。

戦後の日本政治は、東京地検特捜部の捜査によって大きく揺り動かされてきた。

昭和二十三（一九四八）年の昭和電工事件では芦田均政権が、同二十九（一九五四）年の造船疑獄では吉田茂政権が、平成元（一九八九）年のリクルート事件で竹下登政権が、同五（一九九三）年の東京佐川急便事件では、宮澤喜一内閣が、特捜部の捜査をきっかけに権力闘争がおき、内閣が倒れている。

昭和五十一（一九七六）年のロッキード事件では、田中角栄が首相経験者として初めて逮捕され、自民党内では、田中派を中心に「首相の三木武夫が特捜を使って政敵の田中を逮捕させた」といった怨念が渦巻き、「三木おろし」と呼ばれる倒閣運動がおきた。

三木は、党内抗争をしのぎ切り、任期満了総選挙で国民に信を問うたが、自民党は敗北し、「三木おろし」を主導した福田赳夫が宰相の座に就いた。

政府に所属する一捜査機関が、ときの政権暗部にメスを入れ、幾度も退陣に追い込んだ国は、日本以外にないと断言できる。

スキャンダルで米大統領が辞任したウォーターゲート事件にしても、米紙ワシントンポスト（情報源はＦＢＩ副長官だったが）の一連のスクープが大きな役割を果たした。司法当局の捜査だけでは、大統領権限のあるニクソンを退陣に追い込めなかっただろう。

政権交代がおきると、前政権の不正を摘発するのが通例となっている韓国のように、アメリカでも前大統領・トランプの不正が、捜査機関によって追及され始めたのは、バイデン・民主党政権に代わってからだ。

■権力の淵源はＧＨＱ

なぜ、地検特捜部が、政府から独立した機関の如く「権力」をふるえるのか。

最大の要因は、その出自にある。

終戦直後、旧日本軍が接収した貴金属やダイヤモンド、軍需物資の大半が、連合国軍総司令部（ＧＨＱ）の目の届かないところで行方知れずになり、その一部が政界に流入した。これに業を煮やしたＧＨＱの肝いりで、昭和二十二（一九四七）年、検察庁に「隠匿退蔵物資事件捜査部」が設置され、一般事件を扱う検事よりも強力な捜査権限が与えられた。

ＧＨＱの庇護のもと、エリート検事が集められ、検察庁内で独自の地位を築いていった。その後、東京地検特捜部と名称が変更され、日本が独立を回復してもその気風は変わらなかった。法務省自体が、他省庁のように事務次官がトップではなく、検事総長が事実上のトップとなっている人事構成も「占領遺制」の名残といっても過言ではない。

しかも、ロッキード事件などの捜査を通じて、特捜部検事にとって「バッジ（国会議員）をあげる（逮捕する）」ことが何よりの勲章とされ、「巨悪を眠らせない」という特捜のイメージが、朝日新聞をはじめとするメディアによって国民にも刷り込まれた。

この「占領遺制」を打破し、法務省も「普通の役所」にしようと検察人事に手を突っ込んだのが、首相・安倍晋三、官房長官・菅義偉のコンビだった。

安倍官邸は、政権と良好な関係を保っていた東京高検検事長・黒川弘務の任期を延長し、検事総長に据えようとしたのだ。

こういった人事は、「政治主導」の民主国家なら当たり前の話なのだが、検察庁内の主流派である「反黒川派」は、強く反発した。

黒川が、記者相手にコロナ禍中にもかかわらず賭けマージャンをした、という醜聞がタイミングよく週刊文春に掲載され、人事案はご破算となった。まさに、検察恐るべし、である。

「パーティー券スキャンダル」が、安倍の後継者を争っていた萩生田光一、松野博一ら「安倍派五人衆」を直撃したのも決して偶然でないことは、賢明な読者の皆様はよくおわかりのことと思う。

安倍なきいま、「特捜部の正義」が再び、国政を大混乱させているのだ。

摩訶不思議なことに、政権が不安定になれば、自然災害や大事件が立て続けに起きる。自社さ政権時には、阪神大震災とオウム真理教によるサリン事件が、民主党政権時には東日本大震災とそれに伴う福島第一原発事故が立て続けに起き、国民を長く苦しめた。

令和六年も元日早々、震度七の大地震が北陸を襲い、翌日には羽田空港滑走路で、日航機と海上保安庁機が激突し、大炎上した。未曾有の危機に、首相は懸命に対応しようとしているが、政権への風当たりは強まるばかりだ。

自民党はこのまま崩壊していくのか。日本の保守政治は再生するのか。

もちろん、これから書くことは、私個人の独断と偏見に基づくものであるのは、言うまでもない。なお、敬称は略させていただいた。

自民党崩壊

目次

第一章　三度死んだ維新

第二章　なぜ関西で維新は強いのか

第三章 清和会の栄光と悲劇

第五章　どこへ行く維新〈藤田幹事長インタビュー〉

プロローグ
三度目の下野を余儀なくされる自民党

世界はいま、血塗られた混沌の海に沈んでいる。

ロシアが一方的に攻撃を仕掛けて始まったウクライナ戦争は終わりが見えず、ハマスの奇襲攻撃で始まった紛争は、パレスチナ・ガザ地区で、イスラエル軍による住民虐殺といっても過言ではない大量殺戮に発展した。

❖弱肉強食時代に戻った世界

二つの事象に共通するのは、弱肉強食の世界である。二十世紀から二十一世紀にかけて、曲がりなりにも積み上げられてきた平和構築を希求する国際法の精神が踏みにじられているのだ。

国際連合の機能不全も深刻だ。

二次にわたる悲惨な世界大戦の教訓によって生み出された国連という超国家組織が、有名無実化し、ウクライナでもガザでも細々とした人道支援の実施以外は、何の役にも立っていない現実を世界の人々に突き付けた。

特に機能不全が深刻なのは、安全保障理事会である。

第二次世界大戦の戦勝国であるアメリカ、イギリス、フランス、ロシア、中国の常任理事国五か国が拒否権を持ち、一国でも拒否権を行使すれば、どのような決議も効力を持たないと規定した制度そのものの欠陥が、より鮮明となった。

かつては、北朝鮮の核・ミサイル開発をめぐってロシアや中国を含む安保理常任理事国が足並みを揃え、北朝鮮の行為を非難したり、制裁を科したりすることを盛り込んだ決議が採択されていた。

ところが、今や北朝鮮が弾道ミサイルを何発打とうが、制裁措置はおろか非難決議を出すこと自体にロシアと中国が反対し、国際社会の一致した姿勢を示すことさえできない。独裁者・金正恩のやりたい放題なのである。

世界はいま、アメリカが主導するG7（主要七か国）を中心とした自由主義陣営と、中国、ロシアを中軸とする独裁国家陣営に分断され、新たな冷戦時代に突入した。

現在の国際情勢は、米ソの対立を軸とした東西冷戦時代より深刻だ。なぜなら東西冷戦時代は、核戦力こそ米ソは拮抗していたものの、経済力で西側陣営が東側陣営を圧倒し、キューバ危機やベトナム戦争はあったものの「緊張下の安定」を保っていた。

新冷戦時代では、軍事力はもとより、国内総生産（GDP）世界第二位まで成長した中国が、「一帯一路」の美名の下、ロシアなどを経済圏に取り込んで経済面でも米国と拮抗する構図となっており、いつどこで紛争が起きてもおかしくない状況になった。

しかもウクライナ戦争やガザでの惨劇が示すように、いったん戦端が開かれると、国連など調停者が力を持っていないため泥沼化する傾向にある。

この基本認識から出発し、「自由で開かれたインド太平洋」構想を引っ提げ、トランプやプーチンといったクセの強い世界の指導者と渡り合ったのが安倍晋三であった。

安倍時代は、アベノミクスによって長年続いたデフレ時代に一応の歯止めをかけたばかりでなく、民主党政権下で毀損していた日米関係を再構築し、安全保障法制を整備して中国や北朝鮮に付け入るスキを与えなかった。何よりの功績は、「日本を愛し、日本人を守る」保守政治の神髄を国民にしめしてみせたことである。

❖安倍なき日本の混迷

しかし、安倍が凶弾に倒れた後、「安倍一強」の政治状況もあって長く封印されてきた自民党の宿痾とでもいうべきパンドラの箱が開けられた。

中でも旧統一教会（世界平和統一家庭連合）問題と、政治資金パーティー券裏金問題が、岸田政権を直撃した。

いずれも主なターゲットとなったのは、安倍派の「五人衆」をはじめとする安倍に後事を託されたはずの「遺された者」たちだ。

歴史にイフがないのは言うまでもないが、安倍が射殺されていなかったならば、旧統一教会問題はここまで耳目を引かなかっただろうし、東京地検特捜部も岸田政権の後見人である安倍が率いる清和会にあからさまに手を突っ込むこともなかったろう。

岸田政権は、最大時百人を抱えていた清和会に支えられた「清和会政権」だった。

かつての岸田政権は、閣僚人事だけはさすがに首相が決めていたが、副大臣・政務官人事は官房長官だった松野博一が仕切り、自民党の部会長人事は政調会長の萩生田光一が、衆院の各委員会人事は、国対委員長の高木毅が、参院人事は参院幹事長の世耕弘成がそれぞれ仕切っていた。

安倍派「五人衆」が、岸田政権の人事権を握っていたのである。

「五人衆」がことごとく追放された令和五（二〇二三）年十二月十四日までは。

❖忘れられた政治改革大綱

では、これから日本政治はどう動いていくのだろうか。こういうときこそ、過去の歴史が参考になる。

今から三十五年前の平成元年。

リクルート社会長・江副浩正が、政官界に関連会社のリクルート・コスモス社の未公開株をバラまいたことが贈収賄にあたると、前年から東京地検特捜部が捜査を開始し、元官房長官、藤波孝生らを摘発した。

バブル経済真っ盛りの中、値上がり確実な未公開株を譲渡されることは、政治家や高級官僚が「濡れ手で粟」で巨額のカネを懐に入れたも同然とあって、国民は憤激した。竹下登政権は行き詰まり、自民党の中堅・若手議員からは、政治改革の実現を求める声が澎湃としてあがった。

こうした中、自民党本部は、元官房長官、後藤田正晴らが中心となって政治改革大綱をまとめ、党議決定した。

大綱では、「いま、日本の政治はおおきな岐路に立たされている。リクルート疑惑をきっかけに、国民の政治にたいする不信感は頂点に達し、わが国議会政治史上、例をみない深刻な事態をむかえている」と厳しい現状認識を示したうえで、改革の方向性として次のように記している。

「われわれは、諸問題のおおくが現行中選挙区制度の弊害に起因しているとの観点から、これを抜本的に見直すこととする。さらに公私の峻別や節度ある政治資金とその透明性を制度的に裏付けることなどによって政治倫理の向上を期し、国会運営、党運営においても十分に国民の負託にこたえられる政治環境をととのえることを目的に、政治制度全般の改革をはかる」

このうち、中選挙区制の抜本的見直しは、小選挙区比例代表並立制導入によって実現したが、そのほかの改革は、十分に進展しなかった。

特に派閥に関して大綱では、「派閥の弊害除去と解消への決意」と一項目を設け、「現状のような派閥中心の党運営が続くならば、党が真の意味での近代政党、国民政党へ脱皮することは不可能である」と厳しく指摘。

派閥解消への第一歩として「総裁、副総裁、幹事長、総務会長、政務調査会長、参議院議員会長、閣僚は在任中派閥を離脱する」方針を掲げたが、今も無視され続けている。

❖平成五年の政変

自民党が政治改革大綱を党議決定してから四年後。

東京地検特捜部は、自民党元副総裁、金丸信を脱税容疑で逮捕した。前年、特捜部は、東京佐川急便事件に絡む五億円の闇献金で、金丸を摘発したが、罰金わずか二十万円の略式命令で決着した。これが、世論の反発を招き、特捜部は金丸の「蓄財」に目をつけ、脱税容疑で摘発に踏み切ったのだ。

これをきっかけに自民党最大派閥だった竹下派は、小沢一郎グループと反小沢グループに分かれ、激しい派閥抗争を繰り広げた。

竹下派の抗争は、自民党全体に波及し、政治改革関連法案をめぐって推進派と慎重派が鋭く対立する事態に発展した。ときの首相・宮澤喜一は政治改革関連法案の成立を急ぐ意向を示したが、法案は廃案となった。

このため推進派の武村正義らが新党さきがけを、小沢一郎が新生党をそれぞれ結成し、自民党を離党。分裂した自民党は、平成五年七月の総選挙で敗北する。

同年八月には非自民の細川護熙政権が発足し、自民党は結党以来、初めて下野した。

しかし、寄り合い所帯の細川政権は、発足間もなく行き詰まり、翌年、首相は羽田孜に交代する。

これを好機とみた自民党の野中広務らは、水面下で長年、安保政策などをめぐって激しく対立していたはずの野坂浩賢ら社会党左派と接触、社会党委員長・村山富市を担いで

「自社連立政権」を樹立するという禁じ手を使って政権に復帰した。それでも自民党の橋本龍太郎が、首相の座につくまで二年半近くの歳月を費やした。

❖薄すぎた「罪」の意識

「政治資金パーティー券」スキャンダルが引き起こした今回の事態は、自民党にとって三十五年前のリクルート事件よりも深刻だ。

というのも、リクルート事件は、世間からずれているといわれる永田町の論理からいっても「濡れ手で粟」で得た利益を政治資金として使う後ろめたさが、議員本人にも秘書にもあった。

このため未公開株を「もらえなかった」議員たちは、身の潔白を示すことができ、「自分たちは違う」と改革を主張できた。

ところが、パーティー券スキャンダルでは、議員や秘書側に罪の意識が、ほとんどない。

パーティー券は、企業献金の抜け道であることは、議員側も企業側も暗黙の了解事項だったからだ。

ある安倍派の議員秘書は「（キックバックされたカネは）政策活動費にあたるため収支報告書に記載する必要がない」と派閥の事務局から指導されていたと明かす。

しかもこの慣習は、昨日今日始まったわけではなく、森喜朗が清和会の会長を務めていた二十数年前まで遡るというから、現場の秘書に違法行為に手を染めているという実感が乏しかったのは確かだ。

派閥座長の塩谷立が、問題が顕在化し始めたころ、キックバックについて「あったことはあった」とすぐ認めたのも罪の意識が希薄だったことを裏付けている。

しかも多かれ少なかれ、他派閥が開催したパーティーでも行われているにもかかわらず、自民党内では「安倍派の問題」と、矮小化されたのである。

❖鈍すぎる「改革」の動き

それが証拠に、首相が政治への信頼回復へ向けて「火の玉となって自民党の先頭に立って取り組んでいく」と檄を飛ばしても党内の反応は薄い。自民党内には、「もう自分が火だるまになっているのに」と冷ややかな声すら出ている。

閣僚・副大臣や党五役から「五人衆」をはじめとする有力議員がすべて排除された清和会でも、「ならば、われわれが改革の先頭に立とう」という活きの良い中堅・若手議員の姿がまったくみえない。

「これから派閥や我々はどうなる?」と、右往左往するばかり。

リクルート事件が猖獗を極めていたころの自民党はそうではなかった。

武村正義、鳩山由紀夫、それに一年生議員だった石破茂らを中核メンバーとして発足した「ユートピア政治研究会」は、自らが政治活動をする中でかかった年間経費を公開するとともに、提言をまとめて党執行部に改革実行を迫った。

それればかりか、石破ら有志が自民党随一の清廉さで知られた元官房長官、伊東正義に「次期総理になってください」と直談判したほど。

伊東が「表紙だけ替えてもだめだ」と名言を吐いて、固辞したのはこのときだ。

ユートピア研究会に限らず、選挙への危機感も手伝って中堅・若手議員は、派閥を超えて連日連夜、赤坂や議員宿舎で口角泡を飛ばして議論を重ねていた。

一方で党長老の後藤田や伊東らが、中堅・若手議員の動きをバックアップし、曲がりなりにも政治改革は一歩、前に進んだ。

翻って、今の自民党はどうか。若手・中堅の動きは前述の通りで、ベテラン議員たちも息をひそめるばかり。

このままでは、自民党は次期衆院選で大敗し、三度目の下野を余儀なくされるだろう。

かつてない「保守」の危機

選挙の結果、自民党が三度目の下野をせざるを得なくなっても、それ自体は、小選挙区制が政権交代を容易にする選挙制度である以上、想定の範囲内である。

問題なのは、二十一世紀に入って自民党政権の屋台骨を支えてきた清和会が衰亡することによって、安倍が推進してきた憲法改正運動など「保守」政治が停滞してしまうことだ。

人事こそが政治力の要である以上、萩生田光一や西村康稔ら清和会の「五人衆」が、すべて無役になった意味は大きい。

しかも「清和会パージ」は、今回だけの措置ではなく、「ポスト岸田」政権でもしばらくは継続される可能性が高いのだ。

首相や閣僚、自民党の重要ポストに就いていない無役の政治家が、政治力を十二分に発揮したのは、田中角栄くらいなものだ。

政権を五年維持した中曽根康弘でさえ、首相退任後は、ほどなくして派閥会長の座を渡辺美智雄に譲っている。

清和会の有力幹部が、そろって「無役」のままの状態が続けば、派閥の集金力は格段に落ちる。

カネの切れ目が縁の切れ目は、民間でも政界でも同じこと。しかも「五人衆」以外もポストの配分がなされない期間が長引けば、議員にとって派閥に所属する意味がなくなってくる。

全盛期百人を数えた清和会は、解体寸前の瀬戸際に立たされたのである。

清和会以外に目を転じても、自民党内の「保守」勢力は、層が薄くなっている。真っ先に名前が挙がる経済安全保障担当大臣・高市早苗は、自らが主宰して「『日本のチカラ』研究会」を立ち上げたが、現役国会議員の出席が十人にとどまる回もあり、同志拡大の勢いに欠ける。

憲法改正に積極的だった中曽根康弘が率いた政策科学研究会（政科研）は既に消滅し、中曽根の秘書を務めた元衆院議員、柳本卓治が中曽根の衣鉢を継いで事務局長を務める超党派の「新憲法制定議員同盟」メンバーが目立つくらい。

安倍と共に保守政界を牽引した中川昭一も世を去って久しい。気が付けば、自民党は、「共産党でもない」「創価学会でもない」「労組でもない」「真正保守でもない」、「〇〇でもない」政党に成り下がろうとしているのだ。

❖維新は救世主足りうるか

では、自民党に代わり得る保守勢力が台頭する可能性はあるだろうか。

「安倍なき自民党」に失望した作家の百田尚樹とジャーナリスト・有本香が立ち上げた日本保守党は、注目株であるのは間違いない。

旧ツイッター（X）のフォロワー数は、約三十三万四千（令和五年十二月十五日現在）を数え、自民など既成政党をはるかに上回っている。

課題は、次期衆院選に百田をはじめ有力な候補者をいかに多く擁立するかにかかっているが、現時点では百田の立候補を含め不明確な点が多く、地方組織の整備もメドは立っていない。

日本保守党の設立で、最も影響を受けるとみられるのが、前回参院選ですい星の如く登場し、議席を獲得した参政党だ。

地方議員も百四十人余を数えるまでになったが、党内で内紛が起き、赤尾由美ら党創立時の幹部メンバーの多くが党外に去った。

小政党で内紛が起きるのは、致命傷になりやすい。参政党にとって次期衆院選は、文字通り党の浮沈がかかる選挙となる。

現実的に自民党に代わり得る保守政党は、今のところ「第二自民党」を自称する日本維新の会しかない。

日本維新の会の強みは、人材の供給システムを確立しつつあることだ。

同党は結党からほどなく「維新政治塾」を立ち上げた。受講料はもちろん参加者から徴収する。

党にとっては、経費をかけずに一年に何百人も集まる入塾生の中からじっくりと適性を見極めて国政選挙や地方選挙に挑戦する候補者を選べる一石二鳥のシステムだ。

入塾者は、全国各地から集まっており、サラリーマンや公務員はもちろん、弁護士や会社経営者、医師などバラエティに富んでおり、自民党からは出馬できないような政治好きの「一般人」からの人気が高い。

世襲や地方議員、首長ではない「一般人」が、自民党公認で国政選挙に出馬するには、高いハードルがあるからだ。

今から四十年ほど前、田中角栄が存命のころ、ある世襲候補が目白にあった田中の私邸に立候補の挨拶に出向くと「君のような政治好きだけが取り柄の若者が、選挙に出られるのはお父さんのお陰だよ。もしそうでなければ、一億八千万円かかるところだ」と訓戒を垂れたという。

つまり、当時は無名の新人が、自民党公認で出馬するには、億単位のカネがかかった。「今はそれほどでもないが」と前出の世襲候補（現役議員）は述懐するが、それでも知名度のない新人候補は、事務所費用やポスター代、スタッフの賃金だけでも湯水のごとく札束が消えていくという。

しかも自民党の場合は、現職議員が多いため新人に残された選挙区はわずか。

結果として自民党は他党に比べて知名度や後援会組織で有利な立場にある世襲議員が圧倒的に多くなり、かつては主要な人材の供給元であった中央省庁の官僚出身者は激減。サラリーマン出身者も元官房長官の松野博一ら数えるほど。

改革への熱量が、三十五年前よりも低下しているのも自民党への人材供給源が細り、活力が乏しくなっているためかもしれない。

❖予断許さぬ次期衆院選

冒頭で指摘した通り、国際情勢が厳しさを増し、中国の露骨な膨張主義や北朝鮮の冒険主義がアジアに戦火をもたらしかねない中、最も避けねばならぬのは、日本政治の混乱だ。

バブル崩壊後の「失われた二十年」あるいは「失われた三十年」の原因をつくったのは、まぎれもなくリクルート事件に端を発した政治の混乱だ。

リベラル色が自民党政権より強かった細川、羽田政権や三代にわたる民主党政権は、国際情勢の緊迫化や東日本大震災という「有事」に対応できず、いずれの政権も長続きしなかった。

自民党結党以来、五年以上政権を維持させた佐藤栄作、中曽根康弘、小泉純一郎、安倍晋三の四首相に共通するのは、確固たる国家観を持ち、安全保障政策にせよ経済政策にせよ現実主義的で果断な決断ができた保守政治家である。

五人目の実力ある「保守政治家」の登場を待ちたいのはやまやまだが、一朝一夕で政治家を育成できるわけではないことは、自明の理である。

自民党が、忽然と目覚めて改革を推進し、国民の信頼を取り戻せば、それはそれでいいのだが、岸田政権の現状では望み薄である。

まずは、日本維新の会が一層、奮起することを望みたい。

日本維新の会が自民党を脅かす存在になって初めて、自民党の目が覚めるからだ。

いずれにせよ、次期衆院選まで時間はあまり残されていない。

衆院選の結果次第で、政権交代や連立政権の組み換えも十分、可能性が出てきた。

その中でカギを握るのは、日本維新の会である。

維新は、どのような経緯で誕生し、何を目指しているのか。

本書では、維新を徹底的に解剖するとともに、岐路に立つ自民党と清和会のこれまでの歩みを振り返りつつ、「保守政治」のこれからを展望していきたい。

まずは、維新誕生の立役者である橋下徹と、石原慎太郎の因縁話から始めよう。

第一章

三度死んだ維新

1 代表・石原慎太郎、代表代行・橋下徹

❖石原・橋下のメディア「初対談」

今から十二年ほど前の話になる。

東日本大震災が日本を揺るがせてから九か月後の平成二十三（二〇一一）年十二月。「フクシマ・クライシス」と呼ばれた東京電力福島第一原発で起きた未曾有の事故の対応を誤り、震災復興も後手に回った首相・菅直人は、既に石もて追われるがごとく政権の座から去っていた。菅に代わって宰相の座についた野田佳彦は、松下政経塾出身者らしく鳩山由紀夫、菅と二代続いた民主党政権のリベラル色を薄め、日米関係の修復にも動き始めたが、まだまだ世情は落ち着かないままだった。後に歴代最長政権を率いることになる安

倍晋三も未だ復活のきっかけをつかんでいなかったころだ。

そんな師走の昼下がり。

東京・大手町にある産経新聞東京本社編集局は、まだ人影もまばらだった。朝刊の編集作業は、夕方からが本番で、前夜の深酒がたたって編集長席でうつらうつらしていた私は、けたたましい電話の音で目が覚めた（その頃までは、各卓上に電話機があるのが普通だった）。声の主は、都庁記者クラブ詰めで、都知事・石原慎太郎に深く食い込んでいたI記者だった。彼は、いささか興奮気味にこうまくしたてた。

「近々、橋下徹が都庁に慎太郎を訪ねてくるんですよ。この機会をとらえて二人に対談させて、見開きでバーンとやりましょう。段取りは任せてください」

よくよく聞けば、慎太郎自身が、橋下との対談に大いに乗り気なんだという。橋下がやってくるのは十二月二十一日。

年末年始は、来年度予算編成が一段落すれば、世の中の動きも止まり、ニュースの鮮度もだんだん落ちてくる。

東の横綱・石原に、西の飛ぶ鳥を落とす勢いの若武者・橋下のメディア「初対談」企画にノーと言える編集者などいない。

一も二もなくゴーサインを出し、制作部門に無理を言って十二月二十五日付で見開き二ページの特設面を急遽設えてもらった（二ページも増ページするとかなり紙代がかかるので経理部門からいい顔をされない）。

このとき橋下は、政治家として得意の絶頂にあった。大阪府による大阪市の「吸収合併」ともいえる大阪都構想に強い抵抗を示していた大阪市を屈服させるため、府知事を任期途中で辞任し、任期満了の大阪市長選とのダブル選挙（十一月二十七日投開票）に持ち込み、自ら市長選に打って出たのだ。

激戦の末、都構想反対派の中核だった現職の平松邦夫を下したばかりでなく、盟友の松井一郎も府知事選に出馬、当選した。二人がつくった地域政党・「大阪維新の会」が大阪府市の首長を同時に手中にしたのである。

❖国政復帰へ、石原の執念

日の出の勢いの橋下をなんとしても仲間に引き入れたい。

この年四月の都知事選で四選を果たしたばかりの石原だったが、ちょうど都議会で四選出馬を表明した三月十一日に起きた東日本大震災への民主党政権のあまりに杜撰な対応に怒り、密かに国政復帰へ向けて最後の執念を燃やしていたのだ。

「政権交代」と「マニフェスト」を錦の御旗として歓呼の声で迎えられた民主党政権だったが、失政続きで急速に国民からの信頼を失い、次期衆院選での大敗は確実だった。かといって自民党の支持率も戻りきっておらず、石原は「第三の道」を模索していた。

そんなところへ西で、三年前の大阪府知事選以来二度目の「橋下ブーム」が起きたのだ。

選挙運動をわずらわしく感じていた彼にしては珍しく市長選の応援にわざわざ大阪まで出かけ、東京と大阪の「連帯」をぶち上げた。二十一日に橋下が都庁を訪問したのは、応援演説への返礼だった。

橋下と石原の出会いは、この五年前、橋下が「茶髪弁護士」として売り出し中だった平成十八（二〇〇六）年十二月十七日に放送されたフジテレビのバラエティ番組「スタ☆メン」まで遡る。

生出演した都知事・石原にコメンテータとして出演した橋下や爆笑問題の太田光らが厳しい質問を投げかけるという趣向だった。

当時は翌年に迫った都知事選を控え、石原の豪華視察旅行や四男を公費で海外旅行させたことが週刊誌などでスキャンダラスにとりあげられており、石原がそれらの疑惑を晴らそうと出演したのだが、橋下らの「口撃」にたじたじとなる場面があった。

石原にとって橋下の第一印象は、芳しいものではなかった。しかし、平成二十（二〇〇八）年に橋下が大阪府知事選に勝利してからは、全国知事会などの場で橋下が先輩の石原を立てる場面が頻繁に見られるようになった。

そして大阪市長選が、二人の距離を大きく縮めた。

❖二〇一二年十二月の総選挙での大躍進

十二月二十一日午後、都庁を訪ねてきた橋下とがっちり握手をかわした石原は、庁舎のあちこちを自ら案内して回った。

最初はいささか緊張した表情をみせていた橋下だったが、意気投合するのに時間はかからなかった。石原は、大阪都構想について「都とは天皇陛下がおられるところ。大阪に都を名乗る資格はない」と対談前には言っていたのだが、「とにかく大阪が大大阪になってくれないと。僕が橋下さんを評価するのは、僕と同じ考えだからなんだよ」とまでリップサービスした。

橋下も負けてはいない。こう言って石原を持ち上げた。

橋下　統治機構を変えることになれば、昔なら戦。大阪府庁と大阪市という統治機構の再編だけでも、今の体制でやっていきたいという人がごまんといる。変えられたくない勢力との大戦争になった。

大げさだと言われるかもしれませんが、今回の選挙は生きるか死ぬか、やるかやられるかぐらいの話になった。国全体の統治機構となれば、石原知事みたいな方が旗を振らないと、本当に変わらないと思います。

石原　歳、歳。余計なこと言わないの。あなたみたいな若い人、このとき、体力のある人がやればいい。

橋下の甘い言葉に、石原は満更でもない表情を浮かべた。このとき、石原は七十九歳。「次の首相候補」を問う報道各社の世論調査では、トップに立つこともしばしばだった。言葉とは裏腹に、橋下とタッグを組むことで一度は諦めた宰相への道に再チャレンジしようと心の炎を燃やしたのは違いない。

見開き二ページに及ぶ対談記事は大きな反響を呼び、いずれ「石原・橋下連合」が国政の場に打って出るのでは、という観測が暮れの永田町に流れた。

事実、対談後に二人は頻繁に連絡を取り合うようになり、石原は新党結成へ前のめりになっていく。

翌年早々には、郵政民営化騒動で自民党を追われた平沼赳夫らと「たち上がれ日本」を立ち上げ、国政復帰の狼煙をあげた。

平成二十四（二〇一二）年十月、八十歳となった石原は都知事を辞め、「たち上がれ日本」を改名した「太陽の党」に参加、退路を断った。

一方、橋下も地域政党・大阪維新の会だけではあきたらず、同じ年の九月に日本維新の会を発足させていた。

この両党は間もなく合体し、日本維新の会は、代表・石原、代表代行・橋下という体制で再出発。同年十二月に実施された総選挙では、五十四議席を獲得する大躍進をみせた。石原と橋下の出会いがなければ、地域政党に過ぎなかった維新が、全国政党に急成長できなかっただろう。

だが、二人の蜜月は長くは続かなかった。江田憲司率いる「結いの党」との合流をめぐって野党の結集を図ろうとした橋下と「保守」にこだわる石原との路線対立が日に日に明白となり、平成二十六（二〇一四）年八月に、石原は「次世代の党」を結成して袂を割った。

石原は、「最終的に君が選んだなら、僕は去っていく。（結いとは）一緒になれない」と橋下に告げたという。

東西両雄の決裂は、日本の保守政治を一時停滞させることになる。

「次世代の党」は、党勢が伸びず、結党から四年後に姿を消した。

「維新」も「結いの党」と統合したものの、内紛が絶えず、雌伏のときを迎える。

それでも二人の交遊は、石原が亡くなるまで続いた。

令和四（二〇二二）年十二月十三日、橋下は都内の自宅を訪ね、この国の行く末や皇室、靖国神社、北朝鮮の核ミサイル問題などをじっくり話し込んだという。

別れ際、石原は橋下を玄関まで見送り、「友よ、ありがとう」と握手して別れたという。

春秋の筆法で書けば、橋下が「結いの党」との合流を断念し、石原との連携を続けていた方が、自民党に取って代われる「正統派保守政党」を早期につくれていたかもしれなかっただけに惜しまれる。

❖ 失敗を繰り返し、党の顔も様変わりした維新

石原との訣別以降、しばらく全国政党としての維新は低迷期を迎えるのだが、今また第二の隆盛期を迎えている。

地域政党・「大阪維新の会」が産声を上げてから十三年。国政政党である「日本維新の会」が出来てから十一年しか経っていない。

紆余曲折の末、再出発した二代目「日本維新の会」が結党されたのは、平成二十八（二〇一六）年で、わずか七年前のこと。

「維新」は、短期間で成功と失敗とを繰り返している世にも奇妙な政党なのである。

しかも党の創設者（ファウンダー）である橋下、松井の両人はすっぱりと政界から足を洗い、石原も鬼籍に入った。

日本の政党の場合、与野党を問わず、党の創設者や「中興の祖」と呼ばれる実力者は、失脚して追放でもされない限り、長く議員生活を送り、引退後も隠然たる勢力を保持しようとするのが常だった。

田中角栄、中曽根康弘、竹下登、小沢一郎、宮本顕治、不破哲三などなど、枚挙にいとまがない。

ところが、維新では、欧米の「回転ドア」方式が徹底しつつある。

代表・馬場伸幸、共同代表・吉村洋文、幹事長・藤田文武のトロイカ体制に代替わりした当初は、先行きを危ぶむ声が強かったが、いまや党内に橋下や松井の「再登板」を求める声は皆無に近い。

これは一体どうしたことか。

失敗を繰り返し、党の顔も創設時から様変わりした維新が、なぜ野党第一党を狙えるポジションにつくことができたのか。

一方で、党に無断でロシアを訪問した鈴木宗男をめぐる「離党騒動」が象徴するように、党のガバナンスはまだまだ発展途上だ。

馬場代表自ら「第二自民党」と称する維新は、本当に自民党の「亜流」に過ぎないのか。あるいは、安倍晋三の遺志を受け継ぐ保守「本流」なのか。

それらの答えを求めるため、時計の針を「維新」創成のころまで戻してみることにしよう。

2 生みの親は自民党

❖ 自民党だけが戦後日本政治の中核

「維新」の生みの親は、まぎれもなく自民党である。

この事実に目をつぶっては、「維新」の真実は語れない。

戦後、日本にはさまざまな政党が生まれては消え、消えては生まれてきたが、左翼政党は昭和、平成、令和のほとんどの時代、脇役に過ぎなかった。

マルクス・レーニン主義を信奉する日本共産党は、最も古い百年の歴史を誇るが、一度たりとも政権に参画していない。

社会主義社会の実現を理想に掲げ、片山哲、村山富市の二人の宰相を輩出し、昭和の昔は自民党と共に「五十五年体制」の一角を担った日本社会党は、社民党に名前を変えてなんとか存続しているが、今や支持率で新興右派政党である参政党にさえ抜かれる始末。日本社会党に所属していた一部議員が事務職員とともに合流し、リベラル色の濃かった民主党もとっくに消滅した。

民主党の流れをくむ立憲民主党にしろ、国民民主党にしろ、近い将来、政権を奪取できる展望はまったく立っていない。

それが証拠に、令和五年十月十四、十五日に実施された産経新聞ＦＮＮ合同世論調査では、「次の総理大臣に一番ふさわしいと思う政治家」を選ぶ設問で、野党第一党である立憲民主党首の泉健太と答えた人は千人中七人しかいなかった。ちなみにトップは、百三十五人の石破茂、二位は百二十二人の河野太郎と二けた違う。

良くも悪くも資本主義と自由主義、それに皇室の護持を暗黙のイデオロギーとしてきた自民党だけが、戦後日本政治の中核であり続けている。

自民党は、昭和三十（一九五五）年の保守合同による結党以来、細川護熙、羽田孜の非自民党政権、鳩山由紀夫から三代続いた民主党政権の計四年間を除く、六十数年間にわたって政権を担当してきた。

❖新党は十年持てば長い方

この間、主に自民党内の政争によって同党から有力議員が飛び出し、新党を結成する動きも昭和五十一（一九七六）年に誕生した新自由クラブを嚆矢として相次いだ。

特に政治改革関連法案をめぐる混乱から平成五（一九九三）年、武村正義率いるさきがけと小沢一郎率いる新生党が、相次いで結党され、内閣不信任案が可決。首相の宮澤喜一は、衆院解散の道を選択したが、自民党は敗れ下野した。

しかし、非自民勢力が結集した細川護熙政権は、国民から歓呼の声で迎えられたが、ほどなく強い遠心力が働いた。武村と小沢の反目をはじめとする内部対立が激しくなり、細川政権は、発足の翌年には瓦解してしまう。

自民党が社会党と組んで政権を奪還してからも自民党を出自とする新党結成は続いた。

小泉純一郎政権がごり押しした郵政民営化に反対し、自民党から放逐された平沼赳夫らによって国民新党がつくられた。

　だが、それらの政党は、結党時に脚光を浴びても十年持てば長い方で、たいていの政党は、人事やカネをめぐって内部対立が顕在化して組織の維持ができず、あっという間に消えていってしまった。

　河野洋平、西岡武夫、山口敏夫ら新自由クラブの幹部が、時期は違えども次々と自民党に帰参したのが好例だ。

　平成五（一九九三）年に自民党を離党して以来、三十年間にわたって政権交代可能な二大政党づくりにいまだ執念を燃やしている小沢一郎は、稀有な例である。

　自民党を飛び出してからの小沢は、新生党→新進党→自由党→民主党→国民の生活が第一→日本未来の党→生活の党→生活の党と山本太郎となかまたち→自由党→国民民主党→立憲民主党と、実に十一政党を渡り歩いた。新党をつくっては壊し、壊しては造り続けた末にリベラル系政党に合流した。

　保守系政党は、競合する自民党の一強状態が半永久的に続いているため、カネとヒトとの供給がままならず、根付きにくいのである。

❖始まりは十六年前の大阪府知事選

こうした中、日本維新の会が、「大阪維新の会」発足から数えると、新自由クラブの十年一か月を大きく上回る十三年以上存続しているのは、異例中の異例といっても過言ではない。

歴史にイフはないが、もし自民党が十六年前の大阪府知事選で、弁護士で活発なタレント活動をしていた橋下徹を担ぎ出していなかったら「維新」はこの世に存在していなかった。

すべての始まりは、自民党から民主党まで「オール与党」体制に支えられていた大阪府知事・太田房江の「三選不出馬」だった。

二期八年続いた太田府政で記憶に残っているのは、毎年三月に大阪で開催される大相撲春場所での騒動くらい。

太田は、優勝力士に贈られる大阪府知事賞を女人禁制の土俵にあがって手渡したい、と駄々をこね、相撲協会に断られたのだ。

一事が万事、日に日に増長する太田への自民党や財界の評価は、当時取材した私が驚くほど低かった。

そのときは知る由もなかったが、元財務大臣の塩川正十郎、作家の堺屋太一、元ＪＲ西日本会長の井手正敬らが、「三選阻止」へ向けて知事選を半年後に控えた平成十九（二〇〇七）年夏ごろから動き始めていた。

決定的だったのは、同年十一月に行われた大阪市長選での「バンザイ事件」だった。

市長選は、府政では「オール与党」を形成していた自民、公明両党と民主党などが激突する構図となり、太田は中立を宣言していた。ところが、民主党推薦の元ＭＢＳアナウンサー、平松邦夫が当選すると、おっとり刀で事務所に駆けつけ、一緒にバンザイしてしまったのだ。これに対立候補を支援していた自民、公明両党幹部が激怒。太田は不本意ながら三選出馬を断念せざるを得なかった。

だが、府知事選が市長選の直近に予定されていたにもかかわらず、「太田おろし」を主導した自公両党に具体的な「ポスト太田」構想はほとんど進んでいなかった。

慌てた自民党が必死になって探したのが、タレント候補である。

有権者数七百三十万人を超す大阪府知事選を勝ち抜くには、東京都知事選同様、候補者にかなりの知名度がなければ、スタートラインにも立てない。

逆説的に書けば、大阪では高い知名度があれば、政治や行政の経験がゼロでも当選してしまう。四年六か月にわたって府知事を務めた横山ノックがいい例だ。

❖堺屋太一が橋下徹を〝発掘〟

そんな中、「太田三選阻止」に動いていた堺屋が、知り合いの弁護士に紹介された橋下を〝発掘〟する。

当時、橋下はタレント弁護士として、日本テレビ系「行列のできる法律相談所」で「最強弁護士」の一人として活躍していたが、大阪の読売テレビで制作され、西日本を中心にネットされていた（日本テレビは放送していない）「たかじんのそこまで言って委員会」にレギュラー出演したことが、政治家・橋下徹誕生につながったといえる。

大阪で絶大な人気があったやしきたかじんが司会を務めた同番組は、平成十五（二〇〇三）年にスタートし、慰安婦や日本の核武装問題など普通のバラエティ番組ではまず扱わない題材を積極的に取り上げ、高視聴率を連発した。中でも橋下の歯に衣着せぬ発言は、番組名物だった。

堺屋は「バンザイ事件」の直後、大阪市内のホテルで橋下と会い、「橋下さんの人生の一部を大阪に使ってくれないかな」と口説いた。

一方、自民党大阪府連は、元官僚や財界人に片っ端から出馬を打診したがことごとく断られていた。

このためオール与党体制の維持を優先して、民主党の推す候補に「後乗り」する案も浮上していたのだが、堺屋の強い推薦を受け、府連幹事長が橋下に接触したところ好感触を得た。このため自民党選挙対策委員長を務めていた古賀誠自ら橋下と会談、事実上出馬が決まった。

こうした水面下の動きを察知した朝日新聞などが十二月になって「橋下氏出馬へ」と報道したが、彼は「二万パーセントない」と全否定してみせた。すったもんだの末、自民党大阪府連推薦、公明党大阪府本部支持の形で出馬することになったが、政党は表に出ず、裏方に徹する取り決めが、橋下側となされた。

「もちろん、創価学会は支援を約束し、選挙費用もかなりの部分を自民党がもった」と当時の関係者は語る。

❖百八十万票を集めての圧勝

兎にも角にも平成二十（二〇〇八）年一月十日、知事選は告示された。

橋下の対抗馬は、民主党、社民党などが推薦した元大阪大学大学院教授の熊谷貞俊、日本共産党推薦の梅田章二らだったが、「告示の時点で勝負がついた」（前出の関係者）。自民党や報道各社が実施した世論調査で、橋下が独走状態だったのだ。

彼の選挙スタイルは独特だった。

テレビ出演やネットでの浸透など「空中戦」を重視し、「地上戦」と呼ばれる握手戦術やミニ集会の積み重ねなど地道な選挙活動はほとんどやらなかった。

大阪の二大繁華街である梅田と難波では、街頭演説を行ったが、宣伝カーや自転車に乗って府内を隈なく巡回するわけでもスポンサー企業をこまめにまわるわけでもなかった。立候補者の定番である地区ごとに支援者を集めてのミニ集会もやらなかった。

唯一例外の個人演説会が、告示日の午後六時ごろから大阪市西成区の国道二十六号線沿いにある自民党衆議院議員だった柳本卓治事務所前の駐車場で行われた。

自民党大阪府連会長を長く務めた柳本への挨拶を兼ねてのことだったが、事前の告知をまったくしていなかったにもかかわらず、瞬く間に駐車場は黒山の人だかりとなり、歩道まで人があふれた。

ホスト役の柳本は、橋下の人気ぶりに舌を巻き、勝利を確信した。

三十分ほど演説した後、てっきり次の遊説先に向かうと思い込んでいた柳本は、「今日の選挙運動はこれで終わりです」という橋下の言葉にびっくりした。街頭演説は午後八時までできるので、たいていの候補者は、制限時間まで目いっぱい日程を詰め込む。ことに告示日には、誰しも分刻みで日程を組むものだが、彼はマイペースを崩さなかった。

それでは、ということで事務所に移って二時間ほど話し合った二人は、「大阪改革」の実現で意気投合したという。

百八十万票以上を集めて圧勝した橋下は、府議会では自民、公明両党を与党に順風満帆のスタートを切った。

それから二年後、橋下が新党を結成して自民党とたもとを分かつとは、そのとき柳本も自民党大阪府連の誰も夢にも思わなかった。

いったいその二年で何が起きたのか——。

3　きっかけは府庁舎移転騒動だった

❖小泉純一郎の政治手法を踏襲

百八十万票を力の源泉とした「橋下府政」がスタートしたのは、平成二十（二〇〇八）年二月六日のこと。

就任早々、「財政非常事態」を宣言した橋下は「図書館以外の府有施設の廃止を検討している」と発言し、府民を驚かせた。

彼は毎回、所要時間一時間を超すのはざらだった記者会見だけでは不十分とばかりに在阪の民放各局が午後に競って放送していたニュースショー番組に出まくった。

「大阪府は破綻会社と同じ」「府職員は破産会社の従業員」「職員給与は分不相応」などな

ど刺激的な発言を繰り返すだけではなく、就任一週間後には知事直轄の改革プロジェクトチームを発足させた。

プロジェクトチームは、二か月後には府職員人件費の大幅削減、私学助成金や助成団体への補助金見直しなどを柱とした総額千百億円にのぼる予算削減案を発表し、賛否両論の大反響を巻き起こした。

行政に携わったことも議員としての経験もない横山ノック同様のタレント知事として軽く見ていた府政与党だった自民・公明両党の幹部たちは、橋下のあまりに素早く、過激なスタートダッシュに仰天した。

橋下が、まず当面の敵として選んだのは、自民党や歴代の府知事が手を焼いてきた職員組合やリベラル系団体だったが、千百億円にものぼる予算削減案は、既得権益にどっぷり漬かってきた自民党や公明党の支持層をも直撃したからだ。

彼は意識的にせよ無意識的にせよ、橋下府政がスタートする一年五か月前、つまり平成十八（二〇〇六）年九月まで五年五か月にわたって政権を担当した小泉純一郎の政治手法を踏襲した。

小泉は、「郵政民営化」というワンフレーズでわかりやすい政策目標を掲げ、その目標に反対したり慎重姿勢を示したりする人々を「敵」認定し、メディアを最大限活用して大衆を「味方」につけた上で敵を殲滅する手法をとった。

橋下が「大阪都構想」を掲げ、「生みの親」である自民党を「敵」と見做し、攻撃するようになるのは時間の問題だった。

❖急速に自民党と距離を置くことに

引き金を引いたのが、大阪府庁舎移転問題だった。

大正十五（一九二六）年に竣工された府庁舎は、老朽化が進み、建て替えが検討されていたが、府財政の悪化から太田府政時代にストップがかかっていた。

ストップをかけたキーマンが、このあと登場してくるが、その人物についてのあれこれは、しばしお待ちを。

橋下は、膠着していた府庁舎の建て替え問題に決着をつけるため就任から半年後に、大阪市咲洲の埋め立て地にある大阪市の第三セクターが所有していた大阪ワールドトレードセンタービルディング（ＷＴＣ）への移転を提案した。

万年赤字のＷＴＣを持て余していた大阪市は歓迎したが、咲洲は大阪の中心地にある府庁舎と比べ格段に不便だった。

ＷＴＣ移転案は、職員労組や野党はもとより与党の府議会議員も多くが反対に回った。平成二十一（二〇〇九）年二月、橋下は半ば強引に府庁移転に関する条例案を府議会に提出するも自民党内からも反対票が出て賛成は半数に達せず、否決された。

橋下は以後、急速に自民党と距離を置くことになる。

元自民党大阪府連会長の柳本卓治は、「府庁舎移転問題は、表面的な話だった」と振り返る。

橋下が知事に就任する直前の大阪府の予算規模は、特別会計を含めて四兆二千九百八十三億円（平成十九年度）。

これに対し大阪市は四兆四百二十四億円とほぼ拮抗しており、財政的には大阪市が府に比べてかなりの余裕があった。

大阪では昭和の昔から「府職員より市職員、府会議員より市会議員の方が、給料も高く、偉そうにしていた」（市議会議員OB）という土地柄。

知事直轄の改革プロジェクトチームが橋下に報告した府の財政状況は、彼をして「大阪府を発展的解消できれば良いと思っている」とまで言わしめたほどの惨状だった。

「そこで橋下が思いついたのが、大阪府が比較的財政に余力がある大阪市を合併する、つまり小が大を呑み込むM&A（合併買収）を仕掛けることだった」と柳本は分析する。

手始めが、府庁舎のWTCへの移転だった。結局、府庁舎移転は与党の造反にあって挫折するが、WTCの所有権は府に移った。

❖松井一郎の「ツッパリ魂」に火が付いた

府庁舎移転騒動をきっかけとして、維新創成期のもう一人の主役である人物が表舞台にせりあがってくる。

松井一郎である。

彼は大阪府議会議長を務めた松井良夫を父に持つ「世襲議員」なのだが、若き日は高校二年のとき、喧嘩がもとで通っていた大阪工業大学高校を退学になるほどヤンチャだった。

ここで彼の父・良夫は、決断する。八尾市職員時代に競艇事業に携わって売り上げアップに貢献したことから日本船舶振興会（現・日本財団）会長・笹川良一の知遇を得ていたコネを活かして笹川が理事を務めていた福岡工業大学付属高校に息子をたった一人で送り出したのだ。同校は、当時はツッパリたちが集う高校として有名だったのだが、松井はそこでも喧嘩に明け暮れる日々を送った。

だが、転機は突然やってきた。一番下の弟が交通事故で亡くなったのだ。

「父も母も意気消沈しており、とくに弱った母にこれ以上、心配をかけたくなかった。そう思うと急に、福岡で一人いちびっている場合ではないと気づいた。とたんにとんがっていた自分がアホらしくなったのだ」（『政治家の喧嘩力』松井一郎著、ＰＨＰ研究所）

心を入れ替えた彼は、そのまま福岡工業大学に進学し、卒業後は会社勤めを経て家業の電気工事会社を継いだ。

会社経営にも慣れ始めたころ、今度は父親から「おまえが仕事に就いて生活できるようになったのは、自分一人の力やない。世の中の人たちがサポートしてくれたから。今度は世のため人のために働け」（前出書）と、政治家の道を歩むよう背中を押された。

平成十五（二〇〇三）年四月の統一地方選挙で、父の跡を継いで自民党公認候補として出馬し、当選者中最下位の四位で滑り込んだ。

当選したはよかったが、初登院で与野党議員の馴れ合いぶりを目の当たりにし、眠っていた「ツッパリ魂」に火が付いた。

初当選の翌年に行われた大阪府知事選では、現職の太田房江を推す執行部に反旗を翻し、元プロ野球選手で元民主党参院議員の江本孟紀を応援した。結局、江本候補は大敗するが、これでシュンとする松井ではない。

太田府政二期目の平成十八（二〇〇六）年、大阪府庁建て替え論議が盛り上がり、一千億円かけて超高層庁舎を建設しようという空気が自民党執行部では濃厚となった。

これに対して松井ら若手議員は「財政危機のなかで、府の職員や議員が使う施設建設に一千億円も投じるなんて府民が納得するはずがない」と猛反対し、ベテラン議員を説得して建て替え案をお蔵入りにした。

これが橋下府政時代のWTC移転騒動の伏線となった。

府庁移転騒動が勃発したとき、松井は当選二回で若手議員のリーダー格として知事側に立った。「(WTCがある)南港は不便だ」「府庁は大阪城の隣にあるべきだ」などと移転に反対する長老たちを説き伏せ、議員団の投票の結果、移転派が過半数を占め、自民党は「移転賛成」の方針に決まった。

ところが、本議会での投票は与野党を横断した反対派の工作で無記名となった。この結果、自民党からも反対票が多く出た。全議員百十二人のうち賛成したのはたった四十六人に過ぎず、条例は否決された。

「私は大阪を変えたい、大阪を良くしたいと思って、政治家になった。だが、こんな人たち(自民党の反対派)と一緒に政治をやっても、変えることなど無理。つくづく党の限界を思い知らされた」松井は、ただちに自民党会派から飛び出す決断をする。

新会派「自由民主党・維新の会」をたった六人で立ち上げたのだ。

維新の物語は、橋下と松井という異端の二人が、府庁舎移転問題をきっかけに連携したここから始まった。

歴史にイフはないが、もし自民党府議団が足並みを揃えて移転案に賛成していたら、松井が自民党を飛び出すことも維新を結成することもなかったろう。

やはり、維新は自民党が生んだのである。

4 「最初の死」と橋下退場

「維新」最初のピークは、大阪維新の会旗揚げから一年半後の平成二十三（二〇一一）年十一月にやってきた。

❖創設一年半後に最初のピーク

第一節でも触れた大阪府知事・市長のダブル選挙での圧勝劇である。

大阪都構想を実現させるため、大阪府知事・橋下徹が、任期を余して知事を辞任し、市長選に臨むという、既成政党なら思いもつかない禁じ手を使ってダブル選に持ち込み、当時、大阪維新の会幹事長だった松井一郎が知事選に立候補した。

いまでこそ松井の知名度は、全国区レベルにまで上がったが、当時は一介の府会議員に過ぎず、本人もこう述懐している。

「自分の選挙区（八尾市）では、そこそこ知られていたが、一歩選挙区を出れば、松井一郎なんて誰も知らなかった。当時、橋下さんと一緒に街頭演説をすれば、大勢の聴衆に集まってもらえたが、私一人で演説をしても人は集まらず、壁に向かってしゃべっているような有り様だった」

それでも松井は、対抗馬に八十万票もの大差をつけて当選した。もちろん、市長選も橋下が圧倒的大差で現職を下し、「橋下人気」の凄まじさをみせつけた。

大阪府と大阪市のツー・トップを押さえた維新は、勢いに乗っていよいよ大阪都構想の実現に向けて本格的に動き出した。

ダブル選挙の翌月、さっそく「府市統合本部」が設置され、府と市が各々もっていた大学や信用保証協会、衛生研究所などの統合案の作成に入った。

翌年八月に「大都市地域特別区設置法」が国会で成立した。

同法は、道府県の区域内で政令指定都市と隣接自治体の人口が計二百万人以上の地域が、市町村を廃止して特別区を設置することができると定めている。

明らかに大阪都構想の実現を後押ししようという意図からつくられた法律で、当時野党だった自民党の菅義偉が、与野党に根回しして成立させたといわれる。

ただ、同法が定めたハードルが意外に高かった。

特別区を創設するには、まず道府県と当該自治体が特別区設置協議会を設置したうえ、設置協定書を作る必要がある。

そのうえで各自治体の議会が承認し、しかも関係市町村の住民投票で過半数の賛成を得なければならない。

このとき維新は、市議会で第一党ながら過半数に達せず、自民党や公明党など主要政党は維新に味方しなかった。

維新最初のチャレンジは、都構想の設計図ともいえる協定書づくりから躓いた。同法の定めによって設置された法定協議会で、野党が過半数を占める大阪市議会メンバーが徹底抗戦したのだ。

遅々として進まない法定協議会での論議に業を煮やした橋下は、平成二十六（二〇一四）年二月、またまた任期途中で辞任し、出直し選挙で信を問い、またまた圧勝した。

だが、府議会、市議会とも野党は抵抗をやめなかった。

特に橋下、松井を怒らせたのは、公明党の対応だ。

❖幻の「橋下衆院議員」

出直し市長選の前、平成二十四（二〇一二）年の衆院選で、維新は公明が選挙区で出馬する大阪・兵庫の六選挙区で候補者を擁立しない代わりに、公明は住民投票の実施までは協力する、という「密約」がなされていた。

ところが、衆院選が終わっても公明党の姿勢はかわらず、平成二十六（二〇一四）年十月、住民投票の実施に必要不可欠な設計図にあたる都構想案が、大阪府、市議会で否決されてしまう。

怒り心頭に発した橋下と松井は、翌月解散された衆院選で、公明が候補者を立てている大阪の二選挙区に殴り込みをかける、と宣言した。

慌てた公明側は、維新に詫びを入れ、二人は立候補を取りやめた。

公明の支持母体である創価学会も「住民投票の実施」にゴーサインを出した。

これまた歴史にイフはないが、もしこのとき二人が衆院議員になっていたら、国政の動向は今と違った形になっていたのではないか。

残念と言えば、残念だった。

第一回の住民投票も残念な結果に終わった。

土壇場で公明が翻意して実現した住民投票は、翌年五月十七日に投開票が行われた。

反対派の自民党は、住民投票にあたって大阪都構想への対案として「大阪戦略調整会議」（大阪会議）の設置を打ち上げた。

会議は大阪府、大阪市、堺市の首長と各議会議員で構成し、話し合いで二重行政の弊害をなくそうというもの。

結局、賛成六十九万四千八百四十四票、反対七十万五千五百八十五票で、大阪都構想は否決された。

橋下は、住民投票の選挙戦中に何度も繰り返していた「負けたら政治家を辞める」の言葉通りに、同年十一月の任期切れをもって政治家を引退すると表明した。

住民投票後、自民の提案を逆手にとって「大阪会議」が創設されたが、案の定、大阪府立大学と大阪市立大学の統合など各論になると、議論は紛糾。たった三回で会議は、空中分解してしまった。

大阪都構想は完全に座礁し、船長の橋下も船を降りてしまった。

「維新は終わった」

維新と対立抗争を繰り広げてきた自民、公明、共産のみならず、メディアも経済界もそう感じていた。維新は、「最初の死」のときを迎えたのである。

❖石原慎太郎と袂分かつ

悪いことは続くもので、同じころ、維新は国政でも曲がり角を迎えていた。

維新の国政への進出は、平成二十四（二〇一二）年九月である。地域政党・大阪維新の会を母体に自民、民主、みんなの党からの離党組が合流。しばらくした後に石原慎太郎率いる太陽の党が合流し、石原代表、橋下代表代行としてスタート。自民、民主の二大政党に対抗する「第三極」を目指し、同年十二月の総選挙に臨んだ。

このとき、大阪はもとより、石原の地盤である東京でも「維新ブーム」がおきた。一例をあげよう。それまで政治に関心がそれほどなかったようにみえた私の同僚が、衆院が解散されると、突如として会社を辞め、維新公認候補として東京のどこかで立候補すると宣言したのだ。

それだけでも驚きなのに、選挙区が決まったのはなんと公示二日前だった。

しかも、その選挙区は彼の生まれ故郷でも住んでいるところでもなかった。むろん、支援してくれる企業・団体などなかった。

完全な「落下傘候補」だったが、落選したものの、民主党や共産党候補を押しのけて七人の立候補者中二番目に当たる四万票以上を獲得したのだ。

結果、維新は五十四議席を獲得し、第三党に躍進した。

だが、大阪維新の会を母体としているものの、大阪側のリーダーである橋下は、大阪都構想問題にかかりきりにならざるを得ず、石原を中心とする東京側と意思疎通がままならなかった。

翌年一月には、東京・大阪双方の妥協が成立し、石原・橋下の共同代表制に移行し、しばらくは小康状態が続いた。

しかし、それも長続きしなかった。みんなの党を除籍された江田憲司が中心となって結成された結いの党との合併問題が浮上すると、野党再編の立場から積極的だった橋下と、江田を嫌う石原との間で意見が対立。

そのほかの問題でも、東京側と大阪側で路線対立が表面化し、平成二十六（二〇一四）年五月には、遂に分党で合意、袂を分かつことになった。

石原グループは、次世代の党を結成する一方、橋下グループは、結いの党メンバーが合流して同年九月、「維新の党」として再出発することになった。

❖泥試合となった「二度目の死」

結論から書けば、橋下と江田の共同代表制でスタートした「維新の党」は一年八か月足らずしか持たなかった。

中道リベラル系の旧結いの党グループと、保守系で右派ポピュリズムの側面もある大阪維新の会グループとは所詮、「家風が違った」（維新関係者）のである。

それでも橋下が共同代表として戦った平成二十六年十二月の総選挙では、「もうみなさん、明日、自民党、公明党、歴史的な大勝利となります。なるんです。もう維新の党、はっきり言って負けます」と投開票日前日の演説で、弱音を吐きながらも改選前の四十二議席から一議席減の四十一議席に踏みとどまった。

ところが、翌年五月、大阪都構想の是非をめぐる住民投票が否決され、橋下が政界を引退すると表明すると、東京側と大阪側との路線対立が鮮明となった。

橋下と同時に共同代表を降りた江田に代わって代表に就任した松野頼久は、就任記者会見で「年内に百人以上の新党をつくる」と野党再編に強い意欲を示した。

これに「安倍政権には是々非々で対応すべき。民主党との丸ごと合併はあり得ない」と大阪側が反発し、新体制は、発足直後から一触即発の状況になった。

ついに八月、山形市長選で、幹事長の柿沢未途が無断で民主、共産が推す候補を応援したことをきっかけに両勢力が激突。橋下と松井が党の役職を辞任し、新党「おおさか維新の会」を結成する方針を示し、事実上分裂した。

しかし、分党交渉は難航を極め、松野執行部は新党に移ろうとする大阪系議員らを除籍処分とした。「維新の本家争い」とまでいわれた内紛は、感情のもつれも手伝って争いは法廷にまで持ち込まれた。これが「二度目の死」である。

激しい党内対立を横目に松野執行部は、民主党との合併交渉を加速させ、平成二十八（二〇一六）年三月、民進党が結成された。

「維新の党」は解党、「おおさか維新の会」は、国会議員十九人の小政党として再スタートしたのである。

維新が、野党共闘に消極的で、特に民主党の後裔ともいえる立憲民主党に厳しいのは、維新が民主党との合流騒動で、存亡の機に立たされたとの思いが強いためでもあろう。

維新はこの後、初心に立ち戻って「独立路線」を突き進むことになる。

5 幻の「安倍党首」構想

橋下徹なき維新は、終わってしまうのか。

大阪都構想の是非を問う住民投票で敗北し、中央でも「維新の党」が分裂状態に陥った平成二十七（二〇一五）年は、維新最大の危機の年となった。

❖維新、最大の危機に

再起のキーマンとなったのは、松井である。住民投票に敗れれば、橋下とともに政治家を辞めるつもりだった松井は、自民、公明両党など「反対派への怒り」から引退を思いとどまり、同年十一月の大阪府知事選挙に再選を目指して立候補する決意を固めたのである。同時に行われる大阪市長選挙には、弁護士出身で衆院議員にはなっていたものの、ほぼ無名の吉村洋文を擁立した。

告示前後は、「松井は再選しても吉村は難しいのでは」との下馬評がもっぱらだった。

なにしろ吉村の対抗馬には、大阪都構想を舌鋒鋭く批判し、自民党大阪府連のプリンスといわれた柳本顕が、中央での対立関係を超え自民・民主・共産の推薦・支持を得て、出馬していたからだ。

結果は、松井が対抗馬に約百万票差で圧勝し、吉村も約十九万票差をつけて激戦を制した。

しかし、府議会と市議会の状況は相変わらずで、ダブル選挙から三年経っても二度目の住民投票はメドさえつかない状況が続いた。

ここで、松井は「禁じ手」を放つ。

大阪維新の会幹事長と公明府本部幹事長が「任期中で住民投票を実施」すると明記した密約文書を暴露したのだ。

それでも事態は動かなかった。

行き詰まった維新を下支えしたのが、当時首相だった安倍晋三と官房長官の菅義偉だった。

菅は、二度目の住民投票ができるめどが立たず、実現できねば知事を辞任しようとしていた松井を「政府は大阪に協力してきましたよね。万博はどうするんですか？　日本のため、大阪のために一緒にやってきましたよね。それならもう知りませんよ」と叱咤激励し、政界引退を思いとどまらせた。

松井は、平成三十一（二〇一九）年春の統一地方選にあわせ、事態打開のため自らは大阪市長選に、大阪市長の吉村を府知事選に立候補させる「入れ替えダブル選」という奇手を打ち、成功させた。

なぜ安倍・菅コンビは、自民党大阪府連と敵対関係にある維新を支援したのだろうか。

自民党の連立相手である公明党をけん制する材料として維新を使ったのは確かだが、起点となったのは、松井と菅の濃密な人間関係だった。

❖月一で大阪に来ていた菅

松井と菅の出会いは、橋下が最初に自民党推薦で府知事選に立候補した平成二十（二〇〇八）年に遡る。

ときは福田康夫政権。

松井が自民党大阪府議団の政調会長、菅が自民党選挙対策副委員長で、選対委員長だった古賀誠が、直近の大阪市長選で一敗地にまみれた大阪府連の動向を心配し、党本部のお目付け役として菅を派遣したのである。

菅は、知事選での松井の働きぶりをみて信頼したのだろう。

橋下府政がスタートすると、菅は元総務大臣の経歴と人脈を生かし、橋下や松井を総務省や他省庁の幹部と引き合わせた。

その関係は、翌年の総選挙で自民党が下野し、橋下と松井が地域政党・大阪維新の会を旗揚げしてからも続いた。

最初の府知事・大阪市長のダブル選挙で、松井が知事になると絆は一層、深まった。

当時、政権交代で役職のない野党議員の身になっていた菅は、松井が説く「大阪都構想」に大いに賛同し、特別区を設置するための法整備を推進する自民党プロジェクトチームの座長を引き受け、自民党案をとりまとめた。

これをたたき台に民主党やみんなの党が提出した同様な法案を水面下で一本化したのも菅である。

大都市で特別区を新設するため住民投票の実施などを定めた「大都市地域特別区設置法」は、平成二十四（二〇一二）年八月、維新が国政に進出する前に成立したのである。

この頃、野党議員で時間に余裕があった菅は、月に一度は大阪を訪ね、府庁近くのホテルの会議室で松井と二時間たっぷり意見交換するのを常としていた。

二人は、民主党政権の混迷ぶりに憤り、返す刀で自民党の現状を嘆き、「ここは安倍さんに再登板してもらうしかない」と意気投合した。

この二人に橋下と元首相、安倍晋三が加わった「四人会」が、その後の日本政治を動かしていくことになる。

❖安倍、菅、橋下、松井の四者会談

橋下と松井が、国政政党・日本維新の会を旗揚げしようと準備を急ピッチで進めていた平成二十四年の夏、この二人と菅、安倍の四人が都内で会食し、安倍に党首就任を要請していたことは、永田町ではよく知られている。

この時点で安倍は、その年の九月に実施される予定の自民党総裁選に出馬しようという気持ちはなく、幹事長だった石原伸晃を推すつもりだった。

松井は「自民党で安倍さんに総裁の芽がないなら、安倍さんが日本維新の会代表に、菅さんが幹事長になってください。それで、総選挙で勝負をかけましょう」と迫った。

安倍は首を縦に振らなかったが、菅は安倍が石原を推すことについて「それは絶対にダメ。あなたがやるべきだ」と自民党総裁選への出馬を迫ったという。

その後、菅は銀座の焼き鳥屋で三時間にわたって安倍を説得し、出馬に踏み切らせた。

ただ、安倍の述懐によれば、菅が八月十五日の終戦記念日前後に、東京・富ヶ谷の私邸に訪ねてきて、「万が一、勝てなくても、総裁選で全国を回り、安倍晋三に党員の支持があるということを示せれば、必ず次につながる。そもそも自分は、安倍さんが勝てると信じている」とかき口説いたという。

菅が安倍の私邸を訪ねたのは、後にも先にもその一回だけだった。

いずれも事実とすれば、菅は何度も何度も繰り返し、安倍に出馬を要請していたことになる。

春秋の筆法ではあるが、安倍、菅、橋下、松井の四者会談が、第二次安倍政権誕生の導火線となった、と書いても言い過ぎではなかろう。

第二次安倍政権と菅政権が、自民党大阪府連の頭越しに維新と密接な関係を保ったのもこの四者会談が淵源にある。

❖「三度目の死」と再生

平成三十一年四月、大阪府知事選と大阪市長選の「入れ替えダブル選」に勝利した維新は、同時に投開票が行われた府議会選挙で単独過半数を制し、市議会選挙でも過半数にあとわずかに迫る議席を勝ち取った。

ここでようやく、住民投票の実施に反対し続けてきた公明党が翻意し、二度目の住民投票が、令和二（二〇二〇）年十一月一日に実施されることになった。

「今度こそは」という意気込みで、住民投票の選挙戦を戦った維新だったが、「大阪市が特別区に分割されれば、大阪の都市力や住民サービスが低下してしまう」といった大阪市がなくなってしまうことへの抵抗感は、維新の予想以上に強かった。

結果は、「賛成」六十七万五千八百二十九票、「反対」六十九万二千九百九十六票と約一万七千票差で否決された。

またしても維新は敗れ去ったのである。

松井は、敗北宣言をした記者会見の中で「私の力不足に尽きる。大阪維新の会の先頭で旗を振ってきたが、政治家としてけじめはつけなければならない」と述べ、令和五年四月の任期満了で政界を引退する意向を表明した。

第一回目の住民投票敗北で橋下が、二回目の敗北で松井がそれぞれ責任を取って身を引いたことで、「維新」は創成期の中心メンバーを失うことになった。

三度目の「政治的死」である。

だが、京都産業大学教授の喜多見富太郎は、二度目の住民投票について「実質的には、前回に続き限りなく大阪維新の会の『勝利』ともいえる『大善戦』であったと見ています。なぜなら、この住民投票は、賛成派にとっては極めて大きなハンディキャップが課せられており、この大きなハンデの下で、またしても賛否ほぼ拮抗した数字を残しているからです」と分析している。

教授の指摘する「大きなハンディキャップ」とは、法律によって住民投票ができる対象は大阪市民に限られ、大阪都構想によって利益を得やすいと思われる大阪府民は、法律によって対象外になっていることなどを指している。

松井自身もこう振り返っている。

「二回目の否決はある意味、納得できるものだった。つまり、橋下さんと大阪府・大阪市一体の行政運営をスタートさせて、二〇二〇年の時点で約十年間、大阪維新の会がさまざまな改革を進めた結果、大阪全体が住みやすくなったことが、都構想が否決された大きな要因だと私は考えている」（『政治家の喧嘩力』）

二度目の住民投票も否決され、中核メンバーの松井が退場しても維新は、踏みとどまった。

令和五年四月、代表・馬場伸幸、共同代表・吉村洋文、幹事長・藤田文武の新体制で臨んだ統一地方選で、日本維新の会は、首長と地方議員あわせて七百七十四人を獲得し、目標を大きく上回った。

「ポスト松井」の座を争った大阪市長選も、維新が擁立した大阪府議の横山英幸が圧勝、牙城を守った。

統一地方選後は、各種世論調査の政党支持率で、立憲民主党を常時上回るようになり、「野党第一党」も夢ではなくなった。

では、なぜ維新は、「死と再生」を繰り返し、成長を続けているのか。次章でその秘密に迫ってみよう。

第二章

なぜ関西で維新は強いのか

1 敗者は語る「自民党は未来永劫勝てない」

大阪府・市を中心に、日本維新の会は兵庫東部、京都南部、和歌山北部、奈良西部など関西全域に勢力を拡張しつつある。

特に令和五（二〇二三）年四月九日に投開票された大阪府・市議会議員選挙での維新の勝ちっぷりは凄まじかった。

❖ わずか七議席になった自民

大阪府議選では、定数七十九議席中、維新が約七割の五十五議席を占める一方、自民党は改選前より九議席も減らし、わずか七人しか当選できなかった。四十五議席を占め圧倒的な第一党だった十数年前から比べると、六分の一以下という零落ぶりだ。

定数八十一議席の大阪市議選でも維新は六議席増やし、四十六議席を獲得、念願の単独過半数を制した。

一方で、東京や神奈川など首都圏では、衆院小選挙区で勝ち切れるほどの実力を蓄えていない。

なぜ、維新は関西で圧倒的に選挙が強いのか。

まずは、令和五年四月の大阪府議選で、自民党公認候補として立候補したものの、維新の新人候補にダブルスコアで敗れたA氏に敗戦の弁を聞いてみよう。

❖すんなり決まった「自民公認」

A氏が立候補した選挙区は、大阪市内の旧市街地にあたる。近代的なオフィス街もあるが、大半は古くからある商店街や住宅地、中小企業が混在する典型的な大阪の下町だ。

有権者数は約十二万人で、投票率を五〇％、有力な候補者が二人に限られると仮定すると、三万票が勝敗ラインとなる。

維新が得意としている無党派層が大半の新興住宅地はほとんどなく、橋下徹が知事となり維新が誕生するまでは、自民党が圧倒的に有利な選挙区だった。

維新が地域政党として登場してからも八年前の府議選では、自民党候補が勝利し、議席を確保した。四年前の府議選では維新候補が競り勝ったものの、自民候補も善戦し、票差は四千票だった。

かねてから地方政治に強い関心を持っていたA氏は、同地区を地盤とする国会議員の勧めもあって長年勤めていた会社を思い切って辞め、選挙に初挑戦した。

選挙区は前述したように、比較的自民党が強い土地柄で、維新の相手候補も新人とあって知名度もさほどでもなかった。

しかも前回の選挙で勝った維新議員は、在任中に金銭スキャンダルが発覚し、離党を余儀なくされ、立候補を断念していた。地元の評判もよくなく、自民にとっては議席奪還の絶好のチャンスだった。

A氏は「勝てる自信が百パーセントあったかと言われるとそうでもなかったが、自民党公認の看板と、創価学会の支援を得られれば互角には戦えると思っていた」と、立候補を決意した当時を振り返る。

だが、それは幻想に過ぎなかったことを告示日に思い知らされることになる。

冷静に分析すれば、そもそも何の政治経験もなく、豊富な資金力も選挙地盤といえるほどの地盤もなかっただけでなく、自民党員ですらなかったA氏が、すんなりと自民党公認候補になれたのも不思議と言えば、不思議だった。

劣勢必至の「自民党公認」で、維新の金城湯池と化した大阪で選挙戦を戦おうという奇特な人物が、ほとんどおらず、多くの選挙区で候補者擁立に手間取っていた。自ら立候補を志望してきたA氏は、貴重な存在だったのである。

なぜ、そんな状況に大阪の自民党が陥ったのか。

直接の要因は、府議選の一年半前に実施された衆院選にある。自民は大阪府内の十九選挙区で一議席も奪取できなかったのだ（維新は十五議席、公明は四議席）。惜敗率で復活当選できたのも谷川とむと宗清皇一の二人だけ。左藤章、中山泰秀ら府連幹部たちは、枕を並べて討ち死にした。

自民党大阪府本部は、事実上、壊滅状態となり、大阪府・市議選をはじめとする統一地方選挙にじっくりと取り組める状況ではなかったのである。

❖「維新批判」に拒否反応

さて、公認候補発表も終わり、退職金を全額つぎ込んで生まれて初めての選挙戦を戦うことになったA氏は、大阪での自民党の不人気ぶりに愕然とする。

関西で生まれ育ったA氏だが、東京暮らしが長かった。

初体験の街頭演説や辻立ちで、当初は通行人が誰も立ち止まってくれなかったのは想定の範囲にしても、まれに立ち止まってくれる有権者から自民党に対する辛辣で厳しい意見が相次いだのが堪えた、と語る。

A氏は街頭演説で、維新が主唱し、実行に移している「私学無償化」政策によってかえって教育の質が落ちる可能性が高いことや、コロナ対策で大阪府の対策が後手に回った点など維新を激しく攻撃したが、参加者から「自民党は教育でも何でもなんもやってこんかったやないか」「政府もコロナ対策に失敗した。吉村知事を悪う言うんは、天に唾するもんや」などと、強く反駁されたという。

このため選挙戦の中盤からは、激しい維新攻撃は控え、「カジノの代わりにディズニーランドの誘致を」「自分が府議になったら○○をこうして○○する」という身近な政策を具体的に訴える戦術に転換した。これは、功を奏したようで、街頭で立ち止まってくれる人も少しずつ増えてきた。

元幹事長、石破茂も応援に入り、追い上げムードも高まっていった。

とはいえ、府議選では、業界団体から自民党候補への組織的な支援はほとんど得られなかった。

関係者によると、他の都道府県なら自民を強力に支援している建設業界も、大阪府・市の公共事業を一手に握っている維新側に配慮して、よくても「中立」にとどまり、応援も「個人レベル」にとどまったという。

中央で連立を組み、大阪の各種選挙でも自民党と選挙協力を続けてきた公明党・創価学会の動きも全体的に鈍かった。

二十四年前、小渕内閣で自公連立政権がスタートして以来、大阪の衆院選でも棲み分けが進み、定着していた。

公明が四選挙区で公認候補を擁立し、自民も支援する一方、ほかの選挙区では自民候補を公明の支持母体である創価学会員が組織を挙げて応援する自公の選挙協力が根付いていたのだ。

ところが、維新の勢力が伸長し、自民を衆院選挙区から駆逐し始めると、公明は水面下で維新と取引を始めたのだ。

維新のレゾンデートルである「大阪都構想」の住民投票実現に公明が手を貸すのと引き換えに、維新は公明が衆院で議席も持つ四選挙区に候補者を擁立しないとの取引だ。

令和五年夏、維新は次期衆院選で大阪の全衆院選挙区に候補者を立てる方針を決め、公明との「取引」は破棄されたが、府議選の投開票時は「取引」が、生きているか死んでいるか微妙な時期だった。

公明にとって大阪の衆院四選挙区と兵庫の同二選挙区は、お宝中のお宝選挙区で、維新に候補者を擁立されれば、衆院議席が大幅にダウンするのは必至。

つまり、維新との関係を維持するには、「自民対維新」の一騎打ち型選挙区で、あまり自民に肩入れし過ぎるとまずいのだ。

結果として府議選で公明・創価学会と深い信頼関係のある候補以外は、どうしても支援の力の入れようも弱くならざるを得なかった。

開票結果は、明瞭だった。

無名だった維新候補が勝敗ラインの三万票をはるかに上回り、A氏は一万五千票以上を獲得したもののダブルスコアをつけられ、敗北した。その差は約二万票。四年前の五倍の票差となった。

A氏は「ゼロからのスタートでこれだけの票を得られたのは、ありがたいこと。手ごたえは十分感じた」と語るが、府議選後も自民党大阪府連は迷走を続けることになる。

❖ 目玉候補の演歌歌手も解任

大阪府政は、共産党系知事の黒田了一が選挙で岸昌に敗れて退任した昭和五十四（一九七九）年以降、平成二十（二〇〇八）年の太田房江まで横山ノックの一期目を除いて自民は与党の立場を享受し続けていた。

しかも衆院選では、公明党の選挙協力で最低限の議席は確保できており、維新の登場まで〝ぬるま湯〟に浸かっていたのである。

衆院選と統一地方選の惨敗をみかねた自民党本部は、令和五年七月、大阪地区の衆院選候補者について、現職議員ら一部を除いて白紙に戻し、十選挙区の支部長は公募で選ぶという荒療治に出た。

翌八月に、自民党は八選挙区で候補者を決めたが、十月には、早くもほころびが出てしまった。

公募の目玉候補だった尾形大作（その昔、「無錫旅情」がヒットした演歌歌手）が、支部長選任後に選挙区（大阪十八区）でほとんど活動しなかったのが咎められ、解任されてしまったのだ。

結局、公募を主導した党幹事長、茂木敏充が、支部長の椅子を外され、宙ぶらりの立場にされた中山ら元議員の恨みを買っただけで、「府連の雰囲気は最悪のまま」（関係者）。

党本部と大阪府連が、一致団結して維新と対峙しようというムードとはほど遠い。

A氏はいま、四年後の再チャレンジを視野に選挙区で地道な活動を継続しているが、不安もあるという。

「まず、自民党が生まれ変わらないといけないが、四年後の府・市議選のときまでに維新の勢いが衰えているとは断言できない」と語るA氏が、身をもって体験した維新の強さはどこからきているのか。次節でさらに詳しく分析していきたい。

2 首長と議会をセットで「支配」

地域政党・「大阪維新の会」が産声を上げたのは、平成二十二（二〇一〇）年。それからわずか十数年で、大阪府の衆院全選挙区から「万年与党」である自民党を駆逐できたのはなぜか。

❖成功した「首長盗り」戦略

さきの大阪府議選で、維新候補に敗れた前出のA氏は、地域政党ならではの「首長盗り戦略」が奏功したからだと言う。

維新は、まず地方自治体の首長の座を狙う。

地方自治体の首長は、国会議員による首相指名選挙で選ばれる内閣総理大臣と違って、直接有権者から選出される。このため議会からの独立性が高く、「米大統領型」といえ、パフォーマンスもし易い。

橋下徹がまず大阪府知事として、ついで大阪市長として首長の権限を最大限活用した「成功体験」も大きい。

大阪府内には四十三の市町村があるが、次ページの図のように政令指定都市である大阪、堺の両市はもちろん、大阪のベッドタウンである東大阪、枚方、池田各市など府全体のほぼ半数にあたる二十一市町の首長が、大阪維新の会メンバーで占められている（令和六年一月一日現在）。

「非大阪維新の会」の首長は、昭和の昔には、革新系の社会、共産両党が強かった高槻、茨木、吹田など北摂と呼ばれる地域と河内長野や千早赤阪といった河内東部など大阪の周辺部に限られてしまった。

令和五（二〇二三）年八月には、象徴的な出来事が起こった。

無所属ながら自民、公明両党が推薦して当選を重ねてきた現職の東大阪市長・野田義和が、市長選の一か月前に突如として維新に鞍替えしたのだ。

大阪府を〝制覇〟した維新

（令和6年1月現在）

自民党関係者は、「支持者への重大な裏切りだ」と地団駄を踏んだが、後の祭り。自公両党は、対抗馬すら擁立できず、選挙では野田が圧勝した。

野田は記者会見で、こう語った。

「大阪維新の会が大阪の成長をつくっている。これは事実であると私は認識している。東大阪市も流れのど真ん中に入っていくということは、市の将来にとっても必要だ」

大阪維新にあらずんば、大阪の首長にあらず。

政令都市で財政規模の大きい大阪、堺両市以外の市町村は、道路整備ひとつとっても大阪府と協調せねば、予算がなかなかつかない。

ある「非大阪維新の会」の自治体幹部は、こう解説する。

「大阪府が関与する予算配分では、『維新首長』を戴く自治体の方が優遇されているように思う。東大阪市長も現実的判断をしたんだろう」

❖市議会勝利で公明とも訣別

首長を奪取した後、維新の次のターゲットは、議会での単独多数派確保だ。

維新は大阪府議会で平成三十一（二〇一九）年四月に、同市議会は四年後に単独過半数を確保した。

地方自治体の両輪である首長と議会の双方を、他党の力を借りず、単独で押さえる政治的意味は計り知れない。

自民党と公明党との連立が二十年以上に及んだ結果、「平和の党」を標榜していた公明が、戦後の専守防衛路線から一歩踏み込んだ安全保障法制に賛成する一方、自民は党是である憲法改正にブレーキを踏まざるをえなくなったように、「連立」や「与野党相乗り」が長期間続けば、党の独自性は著しく毀損する。

維新は、大阪・府市で首長と議会双方を押さえたことで、他党に遠慮が要らなくなった。大阪の衆院十九選挙区で、これまで公明に配慮して候補者を擁立していなかった大阪

三、五、六、十六の計四区で候補者擁立を決定したのも市議会での過半数確保があってこそだった。

党創設者である松井一郎の政界引退後、維新は代表の馬場伸幸と共同代表の大阪府知事・吉村洋文、それに幹事長の藤田文武の三人が党の重要方針を決める「トロイカ体制」を敷いているが、三人とも公明党・創価学会とのパイプは細い。

公明と競合する大阪四選挙区と兵庫二選挙区の扱いをどうするか、新執行部にとって悩みのタネだった。当初は、従来通り六選挙区での候補者擁立を見送って公明に恩を売り、東京など維新が比較的弱い選挙区での選挙協力とバーターにしようという案も水面下で浮上していた。

国政で野党第一党の座を手に入れるには、二十九もの選挙区がありながら小選挙区で一議席も獲得できていない足場の弱い東京で、公明党・創価学会の「協力」を是が非でも得たいところだったからだ。

しかし、大阪市議会での勝利が、潮目を変えた。大阪維新の会を中心に「主戦論」が盛り上がり、首相の岸田文雄が「六月解散」を見送ったことで、馬場は、公明との全面対決の道を決断する。

「小賢しいことをやるとガタンと支持率が落ちる」と馬場は記者団に語ったが、公明・創価学会との訣別が維新にとって大きな賭けとなったのは間違いない。

❖「ファシズムの臭いがする」

だが、前出のA氏は「維新からはファシズムの臭いが芬々と漂っている」と警鐘を鳴らす。

その第一として挙げるのが、「身を切る改革」を大義名分に、維新が議会の定数を急激に削減している点だ。

大阪市議選が終わった直後の令和五年六月、市議会は定数を八十一から七十に減らす条例改正案を可決、次期市議選から施行されることになった。

橋下市長時代の八十六議席から比べると、二割近く減った勘定になる。

大阪府議会はさらにドラスチックで、十年ほど前には百九議席だったのが、いまや七十九議席とこちらは三割近く削減された。

議員歳費も削減され、「身を切る改革」は、府・市民におおむね歓迎されている。

だが、とA氏は言う。

「行政を監視する役目を負っている議会は、首長といい意味で緊張関係にないといけないのに、維新は議会を首長の下請け機関くらいにしか考えていない。これでは議会が形骸化し、中国やロシアのような独裁体制になってしまいかねない」

確かに、維新の場合、首長や党幹部は個性的で名前も売れている人物が少なくないが、個別の議員となると名前がすぐ出てこない。

「維新の議員で名前が報道されるのは、不祥事を起こしたときだけ」と他党から揶揄されるように、「維新」の看板だけで選挙戦を勝ったような議員も少なくないからだろう。

❖トランプより先だったX活用

巧みなメディア戦略も維新の強みだ。

特にＳＮＳ（ソーシャルネットワークサービス）での発信は、自民、立民など既成政党とは一線を画すほど、質量ともに圧倒している。

旧ツイッター（Ｘ）で、維新創始者の一人、橋下徹をフォローする人は、今も二百六十三万人を超えている。

従来型の政治家は、ネット対応が遅れ、やっとホームページをつくっても情報の更新を毎日行う政治家の方がまれで、訪れる人は数えるほどだった。

政治家からの情報発信は、街頭演説や国政報告会、機関誌の送付など旧態依然たるもので、テレビや新聞で所見を発信できる政治家は幹部クラスに限られていた。

そんな政治家の情報環境を橋下は、一変させたのである。彼は、ＳＮＳの即時性と双方向性を熟知し、ツイートと呼ばれる短文での発信を特徴とするＸを主な舞台として「敵対者」を激しい言葉で、徹底的に攻撃した。

時には、〝炎上〟もしたが、ネット上でも話題が話題を呼び、瞬く間にフォロワーが増えていった。

彼や維新の主張が、新聞やテレビといったオールドメディアのフィルターを通さず、直接、百万単位の有権者に即座に届くようになったのである。

Xをいち早く政治の最前線で効果的に使った点でいえば、米大統領までのぼりつめたトランプよりも早かった。

橋下の〝伝統〟を引き継いだ大阪府知事で日本維新の会共同代表、吉村洋文もXを積極的に活用している。

フォロワーは百二十五万人を超え、頻繁に情報を更新している。現職首相の岸田文雄のフォロワーがようやく七十五万人に達したほどだから、人気と発信力の差は歴然としている。

❖バラエティでも「ヨイショ」

SNSだけではない。

テレビや新聞などいわゆるオールドメディア対策も抜かりはなかった。

前出のA氏は「大阪の民放は維新に媚びすぎている」と怒るが、引かれ者の小唄と斬って捨てるわけにはいかない。

いまだコロナ禍が終息していなかった令和三（二〇二一）年の年末から翌年の年明けにかけ、大阪の民放テレビ局は「吉村維新」一色に染められていたのだ。

吉村が出演した主な民放番組を挙げてみると、こうなる。

令和三年十二月
七日　ＢＳ-ＴＢＳ「報道１９３０」（全国放送）
十日　読売テレビ「かんさい情報ネットten.」
十一日　読売テレビ「あさぱらＳ」
二十日　朝日放送「キャスト-ＣＡＳＴ-」
松井一郎と共演
二十七日　関西テレビ「報道ランナー」
二十九日　テレビ朝日「ワイド！　スクランブル」（全国放送）
令和四年一月

一日　毎日放送「東野&吉田のほっとけない人」（橋下徹、松井と共演）
三日　毎日放送「直撃！　池上彰×山里亮太〜どーなる？　2022ニュースな人〜」
三日　朝日放送「2022年は吉か？　凶か？　爆願！　生ニュース大明神」

関西の主要民放テレビ局すべてが、コストをあまりかけずに視聴率を稼げる吉村に、三顧の礼を尽くして年末年始のニュース番組や特番だけでなく、バラエティ番組にも出演してもらっていたのである。

旧ジャニーズ事務所にまつわる性加害問題を民放やNHKが、英BBCのドキュメンタリー番組が世界的話題となり、社会問題になるまで一切、報道しなかったように、各局の報道局が、コロナ対策で後手に回った「吉村府政」を厳しく追及できなかったのもムべなるかな。

一連の番組で、ヨイショぶりが目立ったのは、毎日放送の「東野&吉田のほっとけない人」だった。

番組は、お笑いタレントの東野幸治とブラックマヨネーズの吉田敬が司会を務め、吉村、松井、橋下の三人とトークする構成。

橋下と松井は、吉村を挟んで座り、漫才のようなボケと突っ込みで笑わせ、大阪都構想や維新の衆院選での躍進ぶりをたっぷりとアピールした。

放送した毎日放送には正月早々、「政治的に偏向している」「維新のＰＲ番組なのか」といった苦情が、殺到し、放送倫理検証委員会（ＢＰＯ）でも四回にわたって議論される騒ぎとなった。

結局、「紙一重で」（ＢＰＯ委員長）本格的な審議入りは回避されたが、さすがに毎日放送も反省し、吉村ら維新幹部だけが出演する番組は減った。

それでも高い「潜在視聴率」（番組に関係なく増えるであろう個人の持ち視聴率）を持つ吉村に対抗できる他党の「スター政治家」は見当たらず、大阪メディア界での「維新一強」時代は、まだまだ続きそうだ。

第三章
清和会の栄光と悲劇

1 傍流だった清和会

今でこそ自民党といえば、日本の伝統尊重を何より重視して夫婦別姓やＬＧＢＴ（レズ、ゲイ、バイセクシャル、トランスジェンダー）政策には慎重で、憲法改正はもとより軍事力増強を推進する「保守政党」のイメージが強いが、第二次安倍政権が発足するほんの一昔前までは、必ずしもそうではなかった。

「たすき掛け」だった自民党政権

それが証拠に、昭和から平成初頭にかけての「保守本流」といえば、昭和三十（一九五五）年に結成された自由民主党結党以前、連合国軍総司令部（ＧＨＱ）占領下に長く首相を務め、自由党を率いた吉田茂が敷いた「軽武装・経済重視」のいわゆる「吉田路線」に沿って歩む人々を指した。

「吉田路線」は、ＧＨＱが草案を書き、「国権の発動たる戦争と、武力による威嚇又は武力の行使は、国際紛争を解決する手段としては、永久にこれを放棄する」と明記した憲法九条を逆手にとって、安全保障の根幹をなす軍事力の内、強い抑止力を持つ核兵器や長距離ミサイルを在日米軍に依存する「軽武装」を基本としている。

そのうえで、戦争で徹底的に破壊されたインフラを復旧させるとともに、輸出産業を育成して外貨を稼ごうという「軽武装・経済重視」路線が、吉田の首相在任時に薫陶を受けた池田勇人、佐藤栄作、田中角栄といった「吉田学校」の卒業生たちによって引き継がれた。

これに対して、吉田政権が順応した占領体制からの脱却を図り、憲法を改正して自前の軍隊を再建し、真の独立を回復しようとしたのが、「吉田自由党」に反旗を翻した鳩山一郎、石橋湛山、岸信介ら「非吉田」系の政治家たちだった。

彼らは、吉田自由党と鋭く対立し、昭和二十九（一九五四）年十一月、自由党内の反吉田派と鳩山率いる日本自由党、それに重光葵率いる改進党が合流して日本民主党を結成、遂に吉田を退陣に追い込んだ。

ではなぜ、自由党と日本民主党という水と油の存在が、「自由民主党」という巨大政党に統合されたのか。

最大の要因が、日本民主党が少数与党だった鳩山政権下の昭和三十年十月、右派社会党と左派社会党が統合され、日本社会党として再発足したことだ。

今からでは想像しにくいが、統一された社会党には騎虎の勢いがあり、次期総選挙では第一党に躍り出て政権を奪取する可能性すら出ていた。

これに危機感を強めた財界は、「保守合同」を推進するよう両党幹部に要請した。これまた今では、にわかに信じられないことだが、財界も保守政界に大きな影響力を保持していたのだ。

もう一つ両党の背中を押した勢力がある。

アメリカだ。当時、アメリカは共和党のアイゼンハワー政権で、しかもソ連との冷戦真っ只中。ソ連と中国共産党とのつながりが深かった社会党が政権を奪取してしまえば、日本が自由主義陣営から離脱しかねない状況に陥ると強い危機感を強めていた。

このためアメリカと太いパイプを持っていた吉田の後継となった自由党総裁、緒方竹虎に陰に陽に保守合同を働きかけたといわれる。

こうしたさまざまな要因が、複雑に絡まって、昭和三十年十一月十五日、戦前戦後を通じて最大の保守政党が誕生したのである。

❖なぜ「吉田学校」が生まれたのか

自由党と日本民主党の両勢力が、根本的なイデオロギーや政策上の対立をひとまず置いて、政治権力の維持を最優先にして「保守合同」に合意したため、当然、党のトップを決める初期の自民党総裁選は、激烈を極めた。

投票会場の舞台裏でも半ば公然と、札束が飛び交った。岸、石橋、石井光次郎の三人で総裁の座を争った昭和三十一年の選挙では、二陣営からカネを受け取るのを「ニッカ」、三陣営すべてからもらうのを「サントリー」と呼ばれたほど。

結局、自民、社会両党による「五十五年体制」下の自民党政権は、**別表**のように「吉田

55年体制以降の自民党単独政権

	首相		主な出来事
昭和30(1955)年	鳩山一郎	非吉田	保守合同
32(1957)年	石橋湛山	非吉田	
同	岸信介	非吉田	
			日米安保改定
35(1960)年	池田勇人	吉田	
			東京五輪開催
39(1964)年	佐藤栄作	吉田	
47(1972)年	田中角栄	吉田	日中国交正常化
49(1974)年	三木武夫	非吉田	
			ロッキード事件発覚
51(1976)年	福田赳夫	非吉田	
53(1978)年	大平正芳	吉田	
55(1980)年	鈴木善幸	吉田	
57(1982)年	中曽根康弘	非吉田	
			国鉄分割民営化
62(1987)年	竹下登	(吉田)	
平成元(1989)年	宇野宗佑	非吉田	東西冷戦終結
同年	海部俊樹	(非吉田)	湾岸危機
3(1991)年	宮澤喜一	吉田	

系」と「非吉田系」の政治家が、まるでたすき掛けのように、首相を務めることになった。

別表でもわかるように、自民党発足当初は、鳩山を嚆矢として「非吉田」系首相が続いた。

分水嶺となったのが、「六〇年安保闘争」による岸退陣である。

鳩山政権の発足以来、六年にわたって不遇をかこってきた「吉田」系が、所得倍増論をひっさげて登場した池田政権によって復活したのだ。

以降、佐藤を挟んで、金脈問題で、田中が失脚する昭和四十九（一九七四）年まで、十四年間にわたって「吉田学校」の卒業生が宰相の座を占めた。

池田政権から田中政権までの時代、日本は高度成長真っ只中で、最初の東京オリンピック、大阪万博といったビッグイベントに湧いた。

その後も「吉田学校」の長男ともいえる池田がつくった宏池会に所属した大平、鈴木、宮澤が首相を務めた。象徴的なことに、宮澤は自民党結成以前の自由党所属国会議員として最後の首相となるのだが。

衆院への小選挙区制導入を柱とした政治改革をめぐって自民党が分裂し、平成五（一九九三）年に発足した非自民・細川護煕政権は、文字通り歴史の転換点となったのである。

自民党が発足した昭和三十年から自民党単独政権が終焉した平成五年までの約三十八年間で、「吉田系」の政権は、二十二年と（竹下は、自民党発足前は県会議員で正確には「吉田学校」の卒業生ではないが、田中派に属していたため「吉田系」とカウントした）なる。

もうひとつ、吉田路線で特徴的なのは、「官僚主導型」政治である。吉田自らが外交官出身だったこともあって、官僚を重用するだけでなく、積極的に政界へ進出させたことにある。

そもそも政治家ではなく、外交官だった吉田が、自由党の総裁に就任したのは、GHQによる公職追放のため政界を追われた鳩山一郎に請われてのもので、当初は政権基盤が弱いどころの話ではなく、雇われマダム的存在だった。

鳩山側にしてみれば、追放解除後に総裁の座に戻るには、政治の世界には無縁で、素人同然だった吉田を据えた方がましとの判断だったのだが、これが甘かった。

生来がへそ曲がりな吉田は、「鳩山の自由党」ではなく、「吉田の自由党」にしようと、自前の権力基盤づくりに邁進したのである。

彼にとってＧＨＱが、Ａ級戦犯として吉田のライバルになり得た元大蔵大臣、賀屋興宣や元商工大臣、岸信介の身柄を拘束していたほか、鳩山のみならず、戦前から活躍していた石橋湛山や石井光次郎といった有力政治家を次々と公職追放して旧勢力が勢いを完全に失っていたのが幸いした。

吉田は、池田（大蔵省）、佐藤（運輸省）をはじめ、橋本龍伍（内閣官房）、岡崎勝男（外務省）、前尾繁三郎（大蔵省）ら官僚を政界にリクルートし、公職追放で候補者が空いた選挙区に自由党公認候補として次々と彼らを送り出していった。彼らは、戦後日本の保守政治を支える人材と成長していくのである。

「吉田路線」が、「保守本流」と呼ばれるようになったのは、戦後ニッポンの成功体験と、「官僚主導型」政治による計画経済が軌道に乗ったことが背景にある。

❖「歴とした傍流」だった清和会

では、三十八年にわたって続いた自民党単独政権時代、昭和五十四（一九七九）年に発足した清和会はどんな位置づけだったのか。ちなみに「清和」の出典は、晋書にある「政清人和」（まつりごと清ければ人おのずから和す）である。

一言でいえば、傍流中の傍流であった。言い換えれば、歴とした傍流である。

清和会にゆかりのある首相は、福田赳夫唯一人で、しかも在任期間は二年。自民党単独政権下では、わずか五パーセントを占めるにすぎなかった。岸信介一派を糾合したとはいえ、岸は「清和会」の創始者ではないからだ。しかも清和会は、福田が自民党総裁選で大平に敗れ、政権が終焉した後に発足したから形式的にはゼロとなる。

この微妙な岸・福田関係が、後にさまざまな軋轢と政界に〝化学反応〟を生むのだが、それはまた後ほど。

清和会は、昭和三十七（一九六二）年五月、福田が中心となって池田政権時代、主流派である宏池会や河野（一郎）派、大野派に所属する議員しか優遇されなかった露骨な派閥政治に異議を唱えて発足した「党風刷新連盟」が起源だ。「保守本流」の宏池会率いる池田に真っ向から挑戦状をたたきつけたわけだから出自からして「傍流」だったのである。

同連盟には、坊秀男、田中龍夫、倉石忠雄ら分裂した岸派内の福田シンパが集結。同年五月二十三日、東京・赤坂のプリンスホテルで開かれた党風刷新連盟の発足総会には、国会議員八十二人が集まったが、派閥にはならなかった。

発足総会で「池田首相に対し派閥の即時解消を要求する」と決議したように、派閥解消を第一の目的としたグループが派閥化するわけにはいかず、反主流派の議員たちが集った派閥横断的なゆるやかな組織とならざるを得なかったのだ。

しかも福田自身が「党なくて派閥あり」と、派閥政治を恥ずべきものとみていた強烈な派閥解消論者で、かつ衆院への小選挙区制導入論者だった。衆院の選挙制度を小選挙区制にすれば、公認権を持つ党中央の力が増大し、党のシステムも近代化されて派閥も自然と解消すると考えていたからだ。

ところが、池田は先手を打って同年十月に「派閥解消」を宣言。これは十一月に迫った衆院選を意識した形式的なものだったが、大義を失った党風刷新連盟は、活動の停止を余儀なくされた。福田と行動を共にした連盟の面々は、池田政権が終わるまで人事で冷や飯を食わされ続けた。

転機は昭和三十九（一九六四）年にやってきた。池田が病に倒れ、ライバルだった佐藤が首相に就任すると、福田は大蔵大臣など要職に抜擢された。福田を自らの後継者にしようとした佐藤の勧めで、昭和四十五（一九七〇）年、福田を支持する議員集団・紀尾井会を結成した。とはいえ、福田がグループの拡大にさほど熱心でなかったため、「ポスト佐藤」を争った田中角栄をリーダーとした田中派に比べ、参加人数だけでなく資金力も結束力も劣った。

昭和四十七（一九七二）年の自民党総裁選で、田中に敗れた後、紀尾井会は周山クラブ（保利グループ）と春秋会（園田派）を糾合し、「八日会」となる。

ところが、福田が昭和五十一（一九七六）年、念願の首相に就任すると、派閥解消のため率先して「八日会」を解散してしまった。

残念ながら他派閥は、従来通りの活動を続け、現職首相として臨んだ昭和五十三（一九七八）年の自民党総裁選では、田中派所属の議員秘書軍団が、全国でローラー作戦を展開し、福田に有利だった状況をひっくり返したのだ。

「数は力なり」の現実を二度までも突き付けられた福田は、側近たちの勧めもあって新たな派閥「清和会」を立ちあげざるを得なかった。

清和会が発足した以降も期待のプリンスだった安倍晋太郎が病で倒れるなど不遇な時代が続き、政局の中心に躍り出るのは、皮肉なことに福田が亡くなった平成七（一九九五）年以降となる。

2 岸信介と福田赳夫のDNA

清和会の創始者は、福田赳夫だが、源流は岸派にある。この因縁が、二人の死後、日本政治に〝化学変化〟を起こしたと前節で書いた。「昭和の黄門」こと福田赳夫という個性的な政治家が、岸信介・佐藤栄作兄弟に重用され、育てられたのは間違いない。だが、七年八か月続いた佐藤政権が終わり、福田が首相に就任すると、二人とは異なる外交政策を採った。キーワードは、「全方位」である。

❖不遇時代に出会った二人

岸と福田との出会いは、GHQにA級戦犯として拘束されていた岸が不起訴となり、巣鴨プリズンを出所してしばらく後の昭和二十四（一九四九）年初頭だった。

このころ福田は、大蔵省主計局長時代、芦田政権を直撃した昭和電工事件に巻き込まれて東京拘置所に拘留されたものの、仮釈放された直後で、休職中の身だった。

彼らを引き合わせたのは、日本興業銀行で副総裁を務めた二宮善基。二人は意気投合し、年に二、三度碁を打ちながら食事をする間柄となった。

雌伏の時代に出会った二人だが、先に国会議員となったのは、九歳年下の福田だ。岸と出会った翌年、大蔵省を依願退職した福田は、地元・群馬に戻って次期衆院選に備えて選挙区をくまなく回った。

昭和二十七（一九五二）年十月、吉田の「抜き打ち解散」による総選挙に無所属で出馬し、初当選を飾った。

当選直後、大蔵省の先輩にあたり、「吉田自由党」で飛ぶ鳥を落とす勢いだった池田勇人に挨拶に行ったが、自由党に入党してほしいという池田の誘いをすげなく断った。

表向きは「自らの財政を行いたい」という理由だったが、当時、大蔵省出身の議員は二十四人を数えていた。このとき自由党に入らなかったのは福田だけ。これが、池田との長い確執の始まりだった。

巣鴨プリズン出所後も公職追放処分を受けていた岸は、サンフランシスコ講和条約が発効した昭和二十七（一九五二）年四月に追放が解け、政治的活動を再開した。手始めに戦前派の政治家、三好英之らと「日本再建連盟」という政党を立ち上げるが、福田が当選した同年の総選挙で惨敗し（岸は出馬しなかった）、自然消滅した。

このため岸は、実弟・佐藤の誘いを受けて自由党に入党、翌年四月の総選挙で当選し、政界復帰を果たした。

福田も岸に従うかのように、同年暮れには池田が勧誘したときには断った自由党に入党する。

だが、岸は自由党に所属後も保守合同による新党結成運動に傾注し、昭和二十九（一九五四）年十一月、除名されてしまう。

岸が除名されると、福田や赤城宗徳ら岸シンパ十数人が赤坂の料亭に集まり、脱党届を鳥ノ子紙（鶏印色の高級和紙）に署名した。

彼らは「鳥ノ子組」と呼ばれ、事実上の岸派が結成された。以後、福田は、岸の懐刀として行動を共にする。

昭和三十二（一九五七）年、首相となった岸は、自民党三役のひとつ政調会長に福田を抜擢したばかりでなく、同三十四（一九五九）年には党運営の要である幹事長に、川島正次郎に代えて福田を据えたのである。

この人事が、戦前戦中から岸の同志だった川島、赤城、椎名悦三郎ら岸派の幹部連中には面白くなかった。

岸が六〇年安保闘争の激化で退陣した後、岸派が分裂し、すんなりと福田派に移行しなかったのもこの抜擢人事が、しこりとなったからともいわれている。

男の嫉妬は、女性のそれよりも根深いとはよくいわれるが、川島は後に田中角栄の後見人的立場となり、田中政権誕生に一役買った。政治家の嫉妬は歴史をも変える、とつくづく思う。

❖「中国体験」で大きな違い

岸と福田は、憲法改正の必要性や日本にはイギリスのような二大政党制の実現が不可欠といった大きな政治理念では一致しており、だからこそ岸は福田を重用し、福田も岸に敬意を払っていた。

だが、対中国観では、かなりの差があった。二人とも岸は満州、福田は南京と場所の違いはあれど、中国に長期の駐在経験がある。

商工省の高級官僚だった岸は、昭和十一（一九三六）年、満州国に派遣され、最終的には同国総務庁次長に就任するなどで辣腕を振るい、三年にわたる滞在期間中、関東軍参謀長だった東條英機や日産コンツェルンの総帥、鮎川義介らとともに、満州国を牛耳った「二キ三スケ」と呼ばれる存在となった。

福田は汪兆銘率いる日本の傀儡政権であった南京国民政府に昭和十六（一九四一）年五月、財政担当の顧問団の一人として派遣される。

福田は後に「顧問団の任務は、建国早々の汪兆銘政権に対し、必要に応じ、その基盤強化のため何かと協力することであったのは当然だが、同時に占領下でともすれば行き過ぎになりがちな日本軍の介入を阻止し、新政府の面目と権威を保持させることであった」（『回顧九十年』、福田赳夫著、岩波書店）と書いている。

だが彼は、自伝『回顧九十年』でも中国時代の思い出をほんの少ししか綴っていない。戦後の講演でも、ほとんど中国滞在時のことには触れなかったという。

彼が、汪兆銘政権の財政を指導する立場から、どのようにして「行き過ぎになりがちな日本軍の介入」を阻止しようとしたのか。今となっては知る由もないが、軍とは一線を画した立場を保ったのは想像に難くない。

岸も満州国という日本の傀儡政権を実務で支えたが、福田のような「軍を抑えよう」といった意識は抱かず、むしろ関東軍と協力して満州国を運営しようとしていた。

戦後、中国大陸では、蔣介石率いる国民党と毛沢東率いる中国共産党との間で、内戦が勃発し、蔣介石は台湾に逃れた。大陸は、中国共産党が全権を握り、一九四九年、中華人民共和国が建国される。

岸は戦後一貫して、蔣介石を支持し続け、日本における「台湾派」の代表的人物となった。これは娘婿の安倍晋太郎、孫の安倍晋三にしっかりと引き継がれた。

❖「全方位平和外交」の誕生

一方の福田は、蔣介石率いる中華民国が、国連で安全保障理事国の一角を占めていた時代は、「親台湾派」の岸や佐藤と歩調を合わせていた。

だが、中華民国が国連から追われ、代わって中華人民共和国が国連安保理常任理事国になった国際情勢の変化を受け、徐々に現実的対応に対中姿勢を変えていった。

佐藤政権の末期、外務大臣に起用された福田は、「アヒルの水かき」と称して、水面下で中国との対話を重ねようと模索した。

福田の考えは、台湾との信義も重んじ、一挙に国交正常化に進むのではなく、非公式ルートを通じてまず佐藤首相の訪中を実現させた後、本格的な政府間の国交正常化交渉に入るという「二段階復交」論だった。

とはいえ、交渉相手の中国政府は、台湾が中国の一部であることを日本政府が認め、日華平和条約を破棄することが交渉の前提であるとの原則を崩さず、福田外相時代に交渉は進展しなかった。

それから四年後、福田が首相になったときは、既にライバルだった田中角栄が、日中国交正常化を実現させており、時計の針を戻すわけにはいかなかった。

福田政権時代、日中間の懸案は、日中友好平和条約の締結だった。

当時、中国とソ連は激しく対立し、中国側はソ連を牽制するため条約に「反覇権条項」を盛り込むよう強く迫った。

これに対し北方領土問題を抱え、ソ連を刺激したくない日本側は難色を示していたが、福田は「全方位平和外交」という新たな外交理念を打ち出し、打開を図った。

中国にもソ連にも与せず、世界平和を求めるという一種の外交テクニックでもあったが、福田は本気だった。

全方位平和外交について、福田自身は首相退陣後にこう語っている。

「われわれが付き合う国には共産国もあり、自由主義の国もあり、また軍事国家もあり、発展途上の国もある。しかしいろんな国があり、いろんな立場の相違があるけれども、その立場の相違を乗り越えて、常にお互い理解は届くようにしておきたい」（「わが首相時代」

『中央公論』）

「全方位平和外交」は、福田の外交ブレーンだった政治学者、若泉敬のアイデアを採り入れたものだった。若泉は佐藤内閣時代、沖縄返還をめぐる秘密交渉で佐藤の密使として、東京の首相官邸とワシントンのホワイトハウスをつなぐ役割を果たしたことで知られる。

戦後の歴代政権は、サンフランシスコ平和条約締結によって独立が回復した後も、日米安保条約が重石となって濃淡はあったにせよ、好むと好まざるとにかかわらず「日米機軸」路線を歩まざるを得なかった。

福田の「全方位平和外交」は、日本が軍事大国とならないことを前提に、アメリカとの関係も「全方位」の一つに過ぎず、感覚的にはソ連や中国とも等距離に付き合いますよ、というニュアンスが感じられるものだった。

これは一時の思い付きでも外交的方便でもなかった。彼が政界引退後も続けた各国の首脳経験者を集めた「ＯＢサミット」における演説でも事あるごとに「世界平和」を訴え、「全方位平和外交」の精神を説き続けた。

これに対し、岸の考え方は、日本は憲法を改正して真の独立を回復した上で、軍事力を強化し、超大国であるアメリカとの同盟関係を維持して国の安全を図ろうという冷戦下の国際情勢を踏まえた極めて現実主義的なものだった。

福田の晩年、明確となった岸との路線の違いは、福田の長男・康夫と、岸の孫・安倍晋三との路線対立の淵源となったのである。

3 安倍晋三と福田康夫

二十一世紀初頭の日本政治は、「清和会の時代」だった。

清和会の祖、福田赳夫は首相退陣後に清和会をつくり、会長となったが、生涯のライバルだった田中角栄が脳梗塞で倒れた後の昭和六十一（一九八六）年七月、岸の娘婿である安倍晋太郎にその座を譲った。

晋太郎は、「ポスト中曽根」の座を竹下登、宮澤喜一と争ったが、中曽根裁定で竹下に敗れた。さらに病魔が襲い、志半ばで平成三（一九九一）年に亡くなった。

求心力を失った清和会は分裂し、自民党の下野も相まって長い雌伏のときを耐えねばならなかった。事態が大きく転換したのは、西暦二〇〇〇年になってからである。

❖二十一世紀初頭は「清和会の時代」

平成五（一九九三）年の総選挙で敗れ、下野した自民党は、「自社連立」という荒業で政権に復帰し、同八（一九九六）年に橋本龍太郎が自民、社民、さきがけの三党連立政権の枠組みで首相に選ばれた。

以後、現在に至るまで民主党政権の三年間を除いて自民を中軸とした連立政権が続いている（第二次橋本政権は、形式的には自民単独政権だが、社民、さきがけ両党が閣外協力していた）。

清和会出身の首相は、別表のように同十二（二〇〇〇）年の森喜朗を皮切りにのべ五人、在任期間は約十六年を数える。

つまり、自民党が政権に復帰し、首相の座を奪還して以降、三分の二は「清和会政権」だったのである。

しかも「清和会政権」の嚆矢となった森政権の誕生は、偶然が重なったもので、小渕恵

連立時代の自民党政権

	首相	出身派閥	出来事
平成8(1996)年	橋本龍太郎	平成研究会	消費税引き上げ
10(1998)年	小渕恵三	平成研究会	
12(2000)年	森喜朗	清和会	沖縄サミット
13(2001)年	小泉純一郎	清和会	米同時多発テロ
			郵政解散
18(2006)年	安倍晋三	清和会	
19(2007)年	福田康夫	清和会	
20(2008)年	麻生太郎	為公会(麻生派)	リーマンショック
(平成21 ～ 24年、民主党政権)			東日本大震災
24(2012)年	安倍晋三	清和会	天皇陛下が退位表明
			新型コロナウイルス禍
令和2(2020)年	菅義偉	無派閥	東京五輪・パラリンピック開催
3(2021)年	岸田文雄	宏池会	ウクライナ戦争勃発
			安倍元首相射殺

三が宰相の座にあった二〇〇〇年の初頭に、その後の清和会の興隆を予測した政治家や記者は誰一人としていなかった。

当時、小渕にとって政治の師である竹下登は政界を引退していたものの健在で、参議院は官房長官だった青木幹雄が、衆院は首相の座を密かにうかがっていた幹事長代理・野中広務が、それぞれにらみを利かせていたように、平成研究会が、自民党の主流だった。幹事長だったとはいえ傍流派閥会長の森が、正規の総裁選を戦って「ポスト小渕」の座に就く可能性は低かった。

前年の総裁選に出馬し、敗北したものの国民的人気を得ていた「宏池会のプリンス」こと前幹事長、加藤紘一が、「ポスト小渕」の一番手とみられていたからだ。

ところが同年四月、連立を組んでいた自由党党首の小沢一郎と、自由党の連立離脱を巡って会談した直後、小渕は脳梗塞で倒れてしまう。

小渕が倒れてから半日後、青木の呼びかけで森と野中、参院議員会長の村上正邦、党政調会長の亀井静香の「五人組」が密かに赤坂プリンスホテルに集まった。まだ、小渕入院は発表されていなかった。

小渕の病状が深刻なことを青木から知らされた四人は、一刻も早く後継首相を決めねばならないとの認識で一致。官房長官の青木が参院議員であることを理由に固辞し、小渕が前回の総裁選に出馬した加藤を「自分に弓を引いた」と激怒していたため、自民党ナンバーツーである幹事長の森に、お鉢が回ってきたのだ。

五人組による「密室の総裁選び」は、世間の指弾を浴び、森政権の支持率は伸び悩み、低空飛行を余儀なくされた。

そうした中、森は同年七月、自前の政権作りに着手し、内閣改造を断行。官房長官に福田康夫、官房副長官に安倍晋三を起用した。

この人事の背景を後年、安倍はこう語っている。

「私を官房副長官にしてくれたのは、森喜朗元首相です。森さんの後継の小泉さんは、引き続き私を副長官にしましたが、それは、小泉さんや私が所属していた派閥・清和政策研究会の中から、不満が出ないようにするためだったと思います。清和研の中には、かねて福田赳夫派と安倍晋太郎派がある。その対立を抑えるために、福田康夫官房長官、安倍晋三官房副長官の体制をとっただけと思いますよ」（『安倍晋三回顧録』、安倍晋三著、中央公

論新社）

小泉は、最初に挑戦した衆院選で落選した後、福田赳夫の私邸で「書生」を務めた経験もある歴とした「福田派」。森に官房長官として、閣僚経験のない赳夫の長男・康夫を起用するよう進言したのは、小泉だった。

異例の官房長官人事で、派閥内が動揺しないようにするため森が、晋太郎の息子である晋三を官房副長官に据えたというわけだ。

いずれにせよ、因縁の二人が、いよいよ政治の表舞台に立ったのである。

❖政界入りを嫌がった二人

政治姿勢だけでなく、対北朝鮮、中国への対応など外交政策を巡っても大きな隔たりがあった晋三と康夫の二人だが、実は共通点も少なくない。

第一点は、国会議員になる以前、二人とも政界入りしようという積極的な意欲がなかった点だ。

安倍晋太郎は、まず、三人息子の長男・寛信に後継者として期待をかけた。しかし、成蹊大学卒業後、三菱商事に入社した寛信は頑として政界入りを拒んだ。しかも三男は幼くして跡継ぎのいなかった岸家に養子に出している。後継者の選択肢は、次男・晋三しかなかったのだ。

晋三も兄同様、成蹊大学を卒業後、神戸製鋼所に入所し、サラリーマンの道を歩み始めていた。

転機は入社四年目にやってきた。晋太郎が、中曽根内閣で外務大臣に起用され、晋三に秘書官となるよう命じたのである。

仕事が面白くなり始めた晋三は兄同様、断ったが、父は神戸製鋼所の首脳に自ら電話して、息子を辞めさせるよう求め、ついに晋三も観念したという。

福田康夫の場合、父の秘書となったのは四十歳の時で、初めて衆院議員になったのは五十三歳だから遅咲き中の遅咲き世襲議員だ。

そもそも父の赳夫は、他家に養子に出した次男の横手征夫を後継者に想定していた節がある。康夫自身もサラリーマン時代、貴代子夫人と結婚するとき「政治家の女房にはしない」と約束したほど。

征夫は社交的で、若いころから赳夫の秘書を務め、番記者たちも彼が後継者になるものとばかり思いこんでいたという。

ところが、征夫が病に倒れ、母親の強い勧めで康夫が、長年勤めた丸善石油のサラリーマンを辞め、秘書に転身したのである。

首相を退陣する際の記者会見で、「私は自分自身を客観的にみることができるんです。あなたと違うんです」と語ったのも、興味深い。十七年に及んだサラリーマン時代に、福田家を出入りしていた政治家や支援者、記者たちの生態を冷ややかな目で見ていた結果なのだろう。せっかくつかんだ宰相の座をたった一年で手放したのは、彼らしい振る舞いだった。

ほかにも二人には共通点がある。父・祖父の路線を多少のアレンジを加えながらもしっかりと継承している点である。

安倍晋三が、祖父の憲法改正、日米同盟を基軸とした安全保障政策を引き継いだのは論を待たないであろう。同時に父が執念を燃やした北方領土問題を解決したうえでの日露

（日ソ）関係の進展に全力を注ぎ、ロシア大統領・プーチンと何度も会談を重ねたことも記憶に新しい。

福田康夫もまた父・赳夫が晩年、心血を注いだ「全方位平和外交」を外交政策理念の中核に据えたのは疑いの余地がない。

彼は、首相在任時、父が打ち出した「福田ドクトリン」をもとに次の五点にわたる外交方針を表明した。

①ＡＳＥＡＮ共同体の実現を図る②日米同盟強化③平和協力国家として尽力④知的・世代的交流インフラの育成・強化⑤気候変動への取り組み

だが、福田康夫政権は一年しか持たず、実行に移されることはなかった。

❖決定的だった拉致問題

首相の小泉純一郎をトップに、官房長官・福田康夫、官房副長官・安倍晋三と清和会の「世襲オールスター」が結集して船出した小泉政権だが、その内情は「一致団結」とはほど遠いものだった。

安倍側に言わせれば、官房長官までで重要な情報は止められ、副長官には結論が出てから概略だけ知らされることがほとんどだったという。

その最たるものが、平成十四（二〇〇二）年九月十七日の小泉訪朝だった。

小泉訪朝は、外務省アジア大洋州局長だった田中均が北朝鮮のミスターXと呼ばれた要人と極秘裏に交渉し、実現したものだが、詳細は政治家では、首相と官房長官しか知らなかった。

副長官だった安倍は、首脳会談を同行した新聞やテレビの記者たちにブリーフするため小泉と同行し、官房長官は、留守部隊として東京に残った。このことが、拉致問題のその後の行方に決定的な影響を与えた。

小泉訪朝が終わり、東京へ戻る政府専用機内では、さっそく小泉を交えて北朝鮮への援助内容はどうするかといった、日朝国交正常化へ向けた論議が始まった。

これに猛然とかみついたのが、安倍だった。安倍は「横田めぐみさんをはじめ八人が亡くなったという話が出ているのに、援助なんてできるはずがないだろう」と反発、即時援助案はさたやみとなった。

日朝首脳会談で生存が明らかになった蓮池薫さんら拉致被害者五人は、十月十五日に「一時帰国」するが、安倍は五人を再び北朝鮮に戻さないよう強く訴えた。

外務省側は「とにかくいったん北朝鮮に戻してくれ」と主張し、福田も同調した（本人は後のインタビューで否定している）。

結局、小泉は安倍に軍配をあげ、そのまま五人は日本に残ったが、拉致問題はあれから二十年余が経過してもいまだ解決の道筋がみえていない。

❖「アベ政治」を痛烈批判した康夫

七年九か月続いた第二次安倍政権は、「安倍一強」といわれ、自民党内から表立った批判はほとんど出なかった。

唯一の例外が、選挙区を息子の福田達夫に譲り、既に政界を引退していた康夫である。

加計・森友問題を野党が追及していた平成二十九（二〇一七）年八月、共同通信のインタビューに応じた彼は、次のように語った。

「各省庁の中堅以上の幹部は皆、官邸を見て仕事をしている。恥ずかしく、国家の破滅に近付いている」「自民党がつぶれるときは、役所も一緒につぶれる。自殺行為だ」「政治家が（官僚の）人事をやってはいけない。安倍内閣最大の失敗だ」

内閣人事局を通じて官僚の人事権を一手に握った安倍政権を痛烈に批判したものだが、その語調の激しさに大いに驚かされた。

二人の確執は、ついに終わることはなかった。その影響は、遺された者たちにも影を落としている。

4 遺された者たち

元首相で清和会（清和政策研究会）の会長を務めていた安倍晋三が、凶弾に倒れてからあっという間に一周忌が過ぎ、三回忌も近付いてきたのに、清和会の跡目がなかなか決まらない。清和会の公式ホームページに掲げられている冒頭の「ごあいさつ」は、会長就任時の安倍の言葉で、そのほかのコンテンツもほとんど更新されていない。時間が、あの日から止まったままなのである。

そんな「権力の空白」を「政治資金パーティー券」事件が直撃した。

会長不在のため、清和会は一致団結して対応できず、混乱ぶりを露呈してしまった。

しかも「後継者」と目されていた「五人衆」すべてが、「事件」の当事者とあって跡目争いが、さらに混迷を深めただけでなく、「清和会解体」もささやかれる事態に発展してしまったのだ。

❖いまだ決まらぬ「安倍後継」

自民党最大派閥の会長が、一年以上も不在のまま、という状態はかつてなかった。遺された者たちが、甲乙つけがたい人物、いや正直に書けばいずれも帯に短し襷に長し、といった面々ばかりなのが、後継会長が決まらなかった最大の要因だ。

安倍の急死直後から清和会は、「五人衆」と呼ばれる萩生田光一（元自民党政調会長）、西村康稔（元経済産業大臣）、松野博一（元官房長官）、世耕弘成（元参院自民党幹事長）、高木毅（元自民党国会対策委員長）が取り仕切っていると喧伝されていたが、実態はそうではなかった。

清和会は、令和五年の総会で、会長を空席にしたまま次のような新体制を決めた。

【最高顧問】　衛藤征士郎、山崎正昭
【顧問】　下村博文、山谷えり子
【座長】　塩谷立

【常任幹事（衆議院）】高木毅（事務総長）、松野博一、柴山昌彦、西村康稔、松島みどり、稲田朋美（事務総長代理）、西村明宏（事務総長代理）、萩生田光一

【常任幹事（参議院）】世耕弘成、橋本聖子、岡田直樹（事務総長代理）、末松信介、野上浩太郎、山本順三

【期別幹事（衆議院）】

五期　大塚拓（政策委員長）

四期　大西英男

三期　尾身朝子

二期　木村次郎

一期　鈴木英敏

【期別幹事（参議院）】

三期　丸川珠代

二期　堀井巌、佐藤啓

一期　高橋はるみ、古庄玄知

❖ドンの尾を踏み失脚した下村博文

注目すべきは、会長の座を虎視眈々とねらっていた下村博文が顧問に棚上げされ、「五人衆」がそのまま常任幹事となるのではなく、柴山や稲田ら閣僚経験者も常任幹事のメンバーに入り、事実上、派閥の最高意思決定機関となった常任幹事会が座長を含め十五人の大所帯になったことだ。

下村は、安倍が事務局長として主導し、平成九（一九九七）年に発足した「日本の前途と歴史教育を考える若手議員の会」の創設メンバーであり、安倍からの信頼も厚かった。だが、塾経営者出身として文部行政に詳しく、安倍政権下で念願の文部科学大臣の座を射止めたことが、かえって仇となってしまった。

一つは、文部科学大臣在任中に、文化庁が長年保留扱いにしていた旧統一教会から「世界平和統一家庭連合」への名称変更を認めてしまったことだ。

旧統一教会と密接な関係にある世界日報のインタビューに文科相在任中に三度も応じる

など、彼と旧統一教会とのつながりは深く、安倍射殺事件後の旧統一教会への強烈なバッシングの余波が彼を襲った。

もう一つは、大臣時代に新国立競技場の建設に当たって、当初計画（ザハ・ハディドの斬新なデザイン）のままでは、莫大な建設費用がかかり、国民の理解を得られないと判断し、設計をより安価にできる建築家・隈研吾氏のものに変更し、竣工時期が延びたことで、二〇一九年に日本で開かれたラグビーワールドカップを国立競技場のこけら落としにしたいと執念を燃やしていた森喜朗の逆鱗に触れてしまったのだ。

森は、令和五年八月、地元の北國新聞で下村の行状をこう暴露している。

「少し前のことですが、下村さんがこの事務所に来ました。『何とか私を会長に』と言うんですが、『それは私が決めることじゃない。みんなが決めることだが、君には味方がいないんじゃないか。だったら自分はどうあるべきか考えてみたらどうだ』と伝えたんです。『今までの無礼をお許しください』と土下座までするので、『君は私に無礼を働いたというのか。その自覚があるのなら私は絶対に許さない。帰ってくれ』と言ったんです。ところが下村さん、外では『森会長の了承を得た』と言っているらしい」（令和五年八月七日

付北國新聞）

もちろん下村は否定したが、安倍の死後、清和会での影響力を再び増した森に抗する術はなく、会長代理だった下村は、さしたる異論もなく、顧問に格下げされてしまった。

なぜ現役国会議員でなく、政界を引退して十年以上も経過している一ＯＢに過ぎない森が、派閥幹部の人事をめぐって強力な発言権を持っているのか。

確かに森は、清和会の会長を平成十（一九九八）年から二年間、同十三（二〇〇一）年から五年間と二度も務めた長老ではある。東京オリンピック・パラリンピック組織委員会の会長も務めた。だが、それだけでは理由にならない。

やはり令和四（二〇二二）年七月に起きた「安倍射殺」が、「森復活」を呼び込んだといえる。

前述したように、「ポスト安倍」の会長候補は、帯に短し襷に長しである上に、現役国会議員の中で、派閥内のもめ事を調停でき、しかも次のリーダーを決める「キングメーカー」的存在がいなかったのだ。

平成二十六年から七年間、清和会会長を務めた細田博之は、経歴的には申し分なかったが、当時は衆院議長で身動きがとれなかった。それ以前に、選挙制度など特定の分野では博覧強記ぶりを発揮したものの、政治家としてのリーダーシップに欠ける面があり、調停役を果たすのは土台無理だったろう。

清和会ＯＢでもう一人の首相経験者である小泉純一郎は、息子の進次郎に議席を譲ってからは、悠々自適の毎日を送っており、今さら派閥のごたごたに首を突っ込もうという意思はさらさらない。

「五人衆」にとっても消極的理由から、森の権威に頼らざるを得なかった。

後述するように、「五人衆」には、それぞれに弱みがあり、誰か一人が無理押しして会長になった場合、派閥が分裂するのは必至なのは五人ともよくわかっている。

同時に五人の誰しもが「自分にもチャンスがある」と思っているので、まとまる話もまとまらない。

ただ、五人にとって唯一、利害が一致していたのは、彼らの目の上のたん瘤で、会長の座を狙っていた下村を排除することだった。

結局、大の下村嫌いで知られる「森の威」を借りたわけだが、代償も大きかった。他派閥から清和会は、事実上の「森派」に先祖返りした、とみられてしまったのである。

❖一枚岩にほど遠い「五人衆」

下村の退場を受け、清和会は「五人衆」の天下となったかといえば、そうではなかった。

常任幹事会は、「五人衆」の突出を薄めるために設置されたといえるからだ。

構成員九十九人の組織で、六分の一近い十五人が最高意思決定機関である常任幹事会に参加するのでは、あまりにも頭でっかちにすぎ、意思決定に時間がかかり、機動性に欠けている。

やはり、というか案の定というか新体制発足以降、「船頭多くして船、山に登る」状況が続いている。

令和五年九月の内閣改造・党役員人事でも、派閥の機能不全が浮き彫りとなった。

清和会は、「五人衆」が占めていた官房長官、経済産業大臣、党政調会長、党参院幹事長、党国対委員長のポストは維持したものの、新たに大臣や党の主要ポストを獲得できず、入閣待望組から「常任幹事たちは自分のことしか考えていない」と不満が噴出した。

副大臣人事でも財務副大臣に押し込んだ神田憲次は、税金滞納で四回も税務署から差し押さえを食ったことが週刊文春で暴露され、辞任に追い込まれた。首相サイドは「そんな人物をなぜ清和会は推薦したのか」と、不信感を募らせた。

下村は出演したインターネット番組で派閥の現状をこう厳しく批判した。

「今の座長は過渡的なものだし、会社の社長が十五人もいるというのはあり得ないわけだ。人事においてきちんと交渉能力を持つという意味でも、『会長が決められないから座長だ』となると、政策能力なり人的能力を自ら下げてしまうんじゃないか」（「ABEMA Prime」令和五年九月十二日）

「五人衆」も有名無実化した。

派閥の定例会合は、座長の塩谷と事務総長の高木を中心に執り行われ、五人と座長である塩谷との「六人会」もほとんど開かれず、パーティー券事件の対応も後手に回った。

「五人衆」といっても安倍と比較的近かった萩生田、世耕、西村の三人と、安倍とは距離があり、「福田系」ともいえる松野、高木とでは、肌合いがかなり違い、もともと一致団結とは程遠かった。

❖萩生田最大の弱点とは

五人の内、次期会長に最も近いとされた萩生田のウイークポイントは、霊感商法や合同結婚式などで問題を起こした旧統一教会（世界平和統一家庭連合）との関係だ。

明治大学商学部卒業後、八王子市会議員秘書を振り出しに、八王子市議、都会議員、衆院議員と着実にステップアップしていった彼にとって痛恨事は、「政権選択」が争点となり、民主党が圧勝した平成二十一（二〇〇九）年の総選挙で比例代表でも復活できず、落選してしまったことだ。

三年間の浪人中、捲土重来を期した彼は、旧統一教会の支援を得ようと八王子にある教会に通いつめ、報道によると、「神の国の実現を果たしたい」と信者の会合でスピーチしたという。関連団体である「平和大使協議会」の平和大使も務めた。

これに対し旧統一教会側も三年後の衆院選挙では、ビラ配りやポスター張りから電話での投票呼びかけなど熱心に萩生田を応援し、彼の国政復帰に大いに貢献した。

ところが、安倍射殺事件によって、旧統一教会のいわゆる「二世問題」をはじめこれまでの「霊感商法」問題などがクローズアップされると、旧統一教会と萩生田の「親密な関係」も明るみに出てしまった。

この際、彼は旧統一教会との〝絶縁〟を表明したが、今度は信者側が「あれだけ応援したのに冷たすぎる」と激しく反発している。

萩生田は自民党東京都連会長も務めているが、衆院東京二十八区に公認候補者擁立を図った公明党の要請を断ったのも次期衆院選に影を落としている。

八王子市内には、創価大学や富士美術館など創価学会関連施設が集中してあり、信者数も多い。旧統一教会との「深い関係」を知ってしまった創価学会信者の反発も強く、「自公協力」はギクシャクしている。

このため彼の周辺からも「いま会長になっても火だるまになるだけ。次期衆院選で圧勝してみそぎを済ませてからでいい」との声も出ている。

❖二階にしてやられた世耕

では残る面々はどうだろうか。

いずれもパーティー券事件に連座する形でポストを奪われた痛手は大きい。

萩生田との「二人代表制」を画策したとされる世耕は、権力の源泉であった参院幹事長を事実上、解任され、最も厳しい立場に立たされた。

彼は、近畿大学の理事長を代々務め、政界にも人材を送り出している関西では有名な世耕一族の一員。彼は近大ではなく、早稲田大学政治経済学部政治学科を卒業し、NTT（日本電信電話）に入社。広報畑を歩んだ後、平成十（一九九八）年、伯父で参院議員だった世耕政隆の死去に伴う参院補選に出馬して当選を果たした。

NTT時代に培った広報戦略を活かし、平成十七（二〇〇五）年の衆院選では、自民党広報本部長代理として、「コミュニケーション戦略チーム」を立ち上げ、勃興期にあったネットも駆使して自民大勝の一助を担った。

安倍政権で首相補佐官に起用され、その後官房副長官や経済産業大臣などを経て自民党参院幹事長を務め、「参院のドン」と呼ばれた元官房長官、青木幹雄のごとく、参院での発言力を強めている。

だが、彼の本当の野望は、宰相の座に就くことにあった。

憲法は、参院議員が首相になる道を閉ざしていないが、そんな例は一度たりともないのが永田町の現実だ。

参院議員だった宏池会のホープで、前外相の林芳正が、さまざまな軋轢を乗り越えて衆院に鞍替えしたのもそのためだ。

当然、世耕も幾度か衆院への鞍替えを画策したが、そのたびに老獪な和歌山のドン、二階俊博に阻止され続けてきた。

最大のチャンスだったのが前回、令和三（二〇二一）年の総選挙だった。

人口減少が著しい和歌山県では、次回から三区あった衆院選挙区が減らされることが決まっており、二区になった場合、より参院からの鞍替えは困難になるからだ。

このため世耕は「二階家が世襲なら衆院選に出馬する」と、先手を打って宣言した。同時に衆院選用のポスターも準備したといわれる。

このとき二階は、既に八十二歳と齢を重ねていた。

永田町では、二階の「まだらボケ」状態が話題になっており、次期衆院選には息子が出馬するだろうとの噂が出回っていた。

ところが、予測を裏切って二階本人が出馬すると宣言、「世襲」ではなかったため世耕は大義名分を失い、鞍替えを断念した。選挙も二階の圧勝に終わった。

和歌山県全体で、二区しかなくなった次期衆院選での公認候補争いでも、早々と二階に軍配が上がった。

「首相は衆院解散を決断したのではないか」との情報が流れていた令和五（二〇二三）年六月十三日、自民党和歌山県連は一区の候補者に参院議員の鶴保庸介、二区は二階を公認すると電光石火で決めたのである。

世耕陣営が歯嚙みして悔しがったのは言うまでもない。

情勢の見極めと決断力において、世耕はいまだに後期高齢者の二階にかなわない。

しかも参院幹事長ポストを失ったいま、前途に暗雲が漂っている。

❖「誰一人、ポスト安倍はいない」

経済産業大臣を更迭された西村の前途も厳しい。

事件発覚前の令和五年十一月、米サンフランシスコで開かれたアメリカが主導し、日本やインドなどが加盟する新経済圏構想・ＩＰＥＦ（インド太平洋経済枠組み）閣僚会合にあわせて、彼は日米カナダ半導体関連企業トップ八人を集めて懇談会を開いた。懇談会には、ウエスタン・デジタルＣＥＯ（最高経営責任者）のデイビット・ゲックラー、ＡＩ半導体で急成長しているエヌビディアＣＥＯのジェンスン・フアン、北海道・千歳市で最先端半導体工場の建設に着手したラピダス社長の小池淳義ら錚々たるメンバーが参加し、得意の絶頂にあったのが、遠い昔のことのようだ。

仕事師としての評価が高いにもかかわらず、派閥内に信頼すべき仲間や部下が少ないのも弱点だ。

地盤である兵庫県明石市でも、令和五年四月の市長選挙では、自らが積極的に支援した候補が、明石のみならず、全国的にも知名度をあげつつある前市長、泉房穂が推した候補に大敗している。

永田町の噂話に「西村事務所の秘書を三か月務めれば、どんな事務所でも通用する」というのがある。東京大学法学部出身で、経済産業省に入省し、役人時代も仕事ができた西村は、朝であろうと夜中であろうと、思い立ったら電話をかけまくり、秘書にも自分と同じレベルの実務能力を求めたため、ある時期まで次々と秘書が辞めていった。

彼が派閥の会長に押し上げられ、宰相の座を狙えるためには、まず人間関係を一から見直すほかはない。それは、還暦を過ぎた人間には、かなりの難題ではある。

安倍政権を支えた元自民党幹事長、甘利明は、安倍なき後の清和会について「誰一人、力もカリスマ性もない」とこき下ろした。

残念ながら、甘利の論評を覆す材料や証拠は出ていない。安倍の遺志と政策を引き継ぎ、存亡の機にある清和会をしょって立てる人物は、現時点では派内に見当たらないのである。

第四章

「第二自民党」天下を狙う

1 維新は「第二自民党」か

政府が国会に提出する予算案にしばしば賛成する日本維新の会は、一体、野党なのか与党なのか。

政府予算案どころか安全保障関係法案などいわゆる対決法案に反対することが、当たり前の「純然たる野党」・立憲民主党や共産党から「隠れ与党」と攻撃を受けることが多い維新だが、その代表自ら「維新は第二自民党」と発言し、永田町の住人を驚かせた。

❖「立民はいらない」

何しろ「第二自民党」は、昭和の昔から世間ではマイナスイメージで語られることが多く、新自由クラブの全盛時代、所属議員は、新自由クラブが「第二自民党」と呼ばれることを何よりも嫌がった。

それを逆手にとったかのような日本維新の会代表、馬場伸幸の発言は、令和五（二〇二三）年七月、インターネット番組で飛び出した。発言を再録するとこうだ。

「われわれが目指しているのはアメリカのような二大政党制だ。立憲民主党は、カラスを白と言う人と黒と言う人が、一緒にひと固まりになるという主張だが、われわれは黒と言う人だけで集まり、自民党と対決していく」

「第一自民党、第二自民党でいいんです。第一、第二自民党がどんどん改革をやって、国家国民のためになることを競い合う。それが政治を良くすることにつながる。立民がいらっしゃってもいても日本はなんにも良くならない」（インターネット番組「ＡＢＥＭＡ的ニュースショー」）

「第二自民党」発言は、大きな波紋を呼び、立憲民主党代表の泉健太は「日本維新の会は、党名を『第二自民党』に変えるとわかりやすいのではないか。どんどん『第二自民党』を名乗り、頑張ってもらえばと思う」と、強烈な皮肉で馬場を批判した。

立憲と維新は、衆院選で今後一切、選挙協力をしないと宣言したも同然だった。

発言から三日後、馬場は記者団に「日本人の多くが保守政党でないと政権を任せられないと思っている。保守の二大政党化という意味合いで、理解をいただきやすいように申し上げた」と釈明したが、発言の撤回はしなかった。

馬場自身、自民党公認の堺市会議員から政治家のキャリアをスタートさせているだけに、維新が「第二自民党」と呼ばれても違和感がないのは当然だろう。だが、大阪府をはじめとする関西圏以外では、維新を「自民党とは違う野党」と認識して投票してきた支持者も少なくない。

しかも今の自民党は、岸田内閣の支持率低迷も手伝ってかなりイメージダウンしている。

そういった状況で自ら「第二自民党」を名乗るのは、選挙戦術からいっても得策ではなかろう。

馬場が手本にしている二大政党制のアメリカで、共和党を「第二民主党」と呼べないように、有権者は「第二自民党」ではなく、真の本格的な政権交代可能な「保守政党」の誕生を待ち望んでいるのである。

維新自身、目標として次期衆院選で全選挙区に候補者を擁立しようとしているのだからなおさらである。

❖短期間で膨張した組織

現職衆院議員四十一人を抱える日本維新の会は、令和五年四月の統一地方選挙が終わった後、衆院選候補者の選定作業を加速させた。その結果、二百八十九ある小選挙区に現職議員の三・五倍以上にあたる百五十二人の候補者を内定した（令和五年十二月二十日現在）。この数字は、野党第一党の立憲民主党に匹敵する勢いだ。

なぜ、維新が短期間で多数の候補者を擁立できたのか。それには同党独特の「フランチャイズ方式」に秘密がある。

令和四（二〇二二）年の参院選で維新の公認を得て当選した維新の松野明美が、「党は選挙で何もしてくれません」と同党のユーチューブ番組でネタにしているように、党本部は候補者を決め、公認料と月々五十万円（衆院選候補者の場合）の活動費を手渡す以外は、事実上何もしない。関係者によると、以前は月三十万円だったのだが、「それでは何もできない」と候補者たちから悲鳴が上がり、最近増額したそうだ。

維新が発足した当初は、月々の活動費用の補助も十分ではなく、ほとんどすべての選挙費用は候補者の持ち出しだったのである。

❖党本部は「誰も手伝いません」

松野は出馬が決まった際、幹部から「候補者はみんな平等です。党本部は誰も手伝いません」と宣告されたという。

自民党の新人候補なら、所属派閥の領袖や大臣クラスの有力議員が、党本部と調整して応援日程を組み、さまざまな自民党を支持する業界団体票の取りまとめも面倒を見てくれるのとは対照的だ。

党代表の馬場伸幸自身も「マンパワーもマネーパワーも自力で持っている人が（選挙に）出てきてもらわないと」と正直に語っている。

各種選挙の候補者養成を目的として開講した「政治塾」も重要な人材供給源となっている。

政治塾は、橋下・松井コンビで圧勝した大阪府知事・大阪市長W選挙が実施された翌年の平成二十四（二〇一二）年にスタートした。

月一～二回、政治経済や外交政策を学び、参加受講料は年十二万円だったが、定員四百人のところへ三千三百二十六人もの応募者があった。

書類審査をパスした二千人を塾生候補者とし、彼らは十人ほどずつのグループに分けられ、塾生同士で熱い議論が闘わされた。

結局、適正調査などをくぐり抜けた八百八十八人が第一期生となった。

同年六月二十三日に入塾式が行われ、東京都知事、石原慎太郎が基調講演し、メディアは大々的に報じた。

第一期生からは、後に幹事長に抜擢される藤田文武をはじめ衆院当選四回を数える足立康史、同三回の伊東信久、岸和田市長の永野耕平、池田市長の冨田裕樹ら数多くの国会議員、地方議員を輩出した。

変わり種としては、日本維新の会公認候補として当選（比例復活）したものの、分党した際、次世代の党に移り落選。その後、慰安婦問題などでの行動で安倍晋三に高く評価され、衆院中国・四国ブロックの自民党比例単独候補として出馬、二期連続当選した杉田水脈もいる。

「維新政治塾」の門は叩かず、「今なら維新の看板で勝てる」と踏んだ元議員や官僚、新聞記者らが代表や幹事長を訪ねて自らを候補者として売り込む〝維新詣で〟も盛んだ。

党創設者である松井一郎の政界引退後、維新は馬場と共同代表の大阪府知事・吉村洋文、それに幹事長の藤田文武の三人が党の重要方針を決める「トロイカ体制」を敷いているが、候補者の発掘もこの三人が中心となって進めている。

❖「玉」よりも「石」多し⁉

だが、短期間に各種選挙で大量の候補者を擁立し続けている結果、党幹部が「どうしても玉石混交にならざるを得ない」と認めるように、「石」もまた多い。

文書交通費や政治資金団体に入金されたカネを自分のカネと勘違いし、政治活動に使わず、大半を高級レストランでの飲食代のみならずキャバクラやクラブなどでの遊興費に費消するのは序の口。

令和五年九月には、愛知県東海市議が市職員にパワハラ行為をしたとして離党勧告処分を受け離党。千葉県習志野市議は知人女性に下品な内容のメールを送っていた事実が発覚し、除名処分となった。

選挙で当選したことで偉くなったと勘違いし、パワハラやセクハラで所属議員が指弾されるケースは、このほかにも枚挙にいとまがない。

衆院議員・池下卓が、市会議員二人を公設秘書としながら、兼職に必要な届けを提出していなかったことが発覚したのも記憶に新しい。

国政政党としてスタートして、まだ十年程度と日が浅く、自民党幹部が「政党としてまだまだ基礎がしっかりしていない」と酷評するように、党執行部のガバナンスが、末端の議員まで十分に利いていないのは確かだ。

一方、ガバナンスを一昔前までの体育会のような上から部下を強圧的にコントロールすることだ、と勘違いした支部も少なくない。パワハラが原因で、長崎県では維新所属市議三人が集団離党する騒ぎとなった。

馬場は「組織が急に大きくなるときには、そういう問題が出るということは自覚しているし、そういうことが起こらないようにいろいろな指導や研究もしている」と言うが、日本維新の会は、組織としてもまだ「第二自民党」のレベルに達していない。

逆に言えば、だからこそ、伸びしろがある。

維新は、「第二自民党」ではない、新たな巨大保守政党になれるかどうかの大きな分岐点にさしかかっている。

2 驚くほど似ている「美しい国」

政策こそは、政党の命である。

日本維新の会が「第二自民党」に甘んじるのか、あるいは自民党にとって代われる「保守政党」になれるかどうかは、いかに大胆でしかも実現可能な政策を打ち出し、磨きをかけられるかにかかっている。

❖「維新八策」とはなにか

日本維新の会は、「政策提言　維新八策」と題して基本政策を公表している。
「維新八策」のネーミングは、坂本龍馬の「船中八策」をもじったものだ。

昭和後期、司馬遼太郎が坂本龍馬を主人公にした「竜馬がゆく」を産経新聞夕刊で連載を開始すると、大反響を呼び、連載は四年に及んだ。これを原作にNHKが大河ドラマ化すると「龍馬ブーム」が全国でおき、中でも永田町では「改革派」を自称する若手政治家の中で、自らを龍馬になぞらえる者が続出した。

現在では、龍馬による「船中八策」が本当に存在したかどうかという異論も学会から出ているが、明治維新における龍馬ら若者の活躍が「国民の物語」として令和の今も生きていることが、「維新八策」というネーミングからも読み取れる。

話が横道にそれた。

維新の八策を具体的に示すとこうだ。八策それぞれに、細かい政策がぶら下がっている。

1.《新しい政治行政》

【政治改革・国会改革】

「身を切る改革」と徹底した透明化・国会改革で、政治に信頼を取り戻す

2．《統治機構改革》

中央集権の限界を突破する統治機構改革、地方分権と地方の自立

3．《新しい外交安保》

【ウクライナ危機と日本の安全保障】

ウクライナ危機を受けた、安全保障の抜本強化とリアリズム外交

4．《新しい経済社会》

【景気対策（短期）】

減税とコロナ対応、日本を再び飛躍させる緊急経済対策

5．【成長戦略（長期）】

「日本大改革」に向けた税制改革・社会保障制度改革・規制改革

6．《新しい国のかたち》

【未来への投資・多様性】

教育・子育てへの徹底投資、多様性を支える社会政策

7.【危機管理・科学技術・環境】

国土と国民を守る危機管理改革、未来のための科学技術・環境政策

8.【憲法改正】

憲法改正に正面から挑み、時代に適した「今の憲法」へ

以上が「維新八策」の概要だが、船中八策に記された「大政奉還」や「議会開設」、「官制改革」に比べると、スケールが今一つなのは時代が違うので致し方ない。ただ、子細に見てみると、興味深い点が多々散見される。まずは、自民党の政策と比べてみよう。

❖「安倍イズム」を継承する維新

令和四（二〇二二）年の参院選で、岸田文雄率いる自民党は、次のような公約を掲げて戦った。

大きな項目は「日本を守る。」と「未来を創る。」の二つ。
具体的には、次のような政策が並べられている。

【日本を守る。】

#1　毅然とした外交・安全保障で、〝日本〟を守る
#2　強力で機動的な原油高・物価高対策で、〝国民の生活と産業〟を守る
#3　徹底した災害対策で、〝国民の生命・財産・暮らし〟を守る
#4　感染症対策と社会・経済活動の両立で、〝国民の命と暮らし〟を守る

【未来を創る。】

#1　「新しい資本主義」で、〝強い経済〟と〝豊かさを実感できる社会〟を創る
#2　「デジタル田園都市国家構想」と「農林水産業・地域経済の振興」で〝活力ある地方〟を創る
#3　憲法を改正し、新しい〝国のかたち〟をつくる

基本的な点で、両党の政策はかなり似通っている。特に外交・安全保障政策と憲法改正は、入れ替えてもわからないくらいだ。

この二点は、第二次安倍政権で行われた国政選挙の公約でも重視されており、そういう意味からは岸田自民も維新も安倍イズムのDNAを受けついでいる。

だが、憲法改正の本気度については、維新に軍配をあげたい。

憲法改正について維新は、従来主張していた「教育の無償化」「統治機構改革」「憲法裁判所の設置」から一歩進めて、平和主義・戦争放棄を堅持しつつ自衛のための実力組織として自衛隊を憲法に位置付けるための憲法九条改正、他国による武力攻撃や大災害、テロ、感染症蔓延など緊急事態に対応するための「緊急事態条項」制定に取り組むと明記した。

皇位継承についても、「古来例外なく男系継承が維持されてきた重みを踏まえ、皇統に属する旧宮家の男系男子が養子として皇籍復帰できるよう皇室典範を改正する」としている。これはまさしく、「男系男子」継承派である安倍晋三が、生前語っていた方策でもある。これに対して自民党は、先の参院選では公約で皇位継承問題には触れていない。

憲法改正と外交・安全保障政策、さらに皇位の安定的継承という国の根幹をなす課題に関する限り、維新の基本的姿勢は、元首相の考えと瓜二つといっていい。この点で維新は、岸田自民党よりも「安倍イズム」の正統な後継者といえるだろう。

❖おおざっぱな「第二策」

維新八策と自民党の公約で違いが出てくるのは、統治機構改革と経済政策だ。

維新八策で、いの一番に挙げているのが、「政治改革・国会改革」である。

維新の十八番である「身を切る改革」は、府知事と市長を押さえた大阪府市で、既に実施し、議員定数や歳費は大幅に削減された。これを国政でも実現させようというわけだ。

第二策に打ち出した統治機構改革は、「身を切る改革」として国会議員報酬と議員定数の三割カットや首相が百日は海外出張ができるような国会運営をする、といった細かく具体的な政策を盛り込んだ第一策と比べ、かなりおおざっぱだ。

首相公選制や一院制の将来的な導入を視野に検討を開始する、と書いているが、「いつまでに」といった工程表もなく、具体性に乏しい。

地方分権の実現も強調しているが、維新が同党の「一丁目一番地」にしている大阪都構想さえ二度も住民投票で敗れているだけに説得力はもうひとつ。

地方分権の目玉政策である道州制導入にしても議論は、数十年前から学者や改革派議員が盛んに行っているが、いまだ実現の可能性はゼロに近い。本気で道州制に取り組むのなら、今の都道府県制度をいつまでにどうするのか、不要となる地方自治体の職員をどう処遇するかといった具体策をもっと示さねばならない。

❖ベーシックインカムの壁

維新の経済政策を見てみると、緊急経済対策の実施など、短期的なものは自民党やその他の政党と大きく変わったものはない。

議論を呼んでいるのは、ベーシックインカムの導入だ。

ベーシックインカムとは、国民ひとりひとりに、所得制限などなく無条件で支給されるお金のこと。

働かなくても無条件で最低限のお金がもらえるので、労働市場に縛られなくなり、「本当の自由」が得られる、と推進者は言う。雇用主も低賃金では、ますます従業員を雇えないので、自然と賃上げが実現する。

維新は、ベーシックインカムの導入にあわせて年金制度や生活保護など社会福祉政策も抜本改革する、としている。つまり、年金を今の方式から積立型にすることで、年金制度維持にかかっている税金や膨大な経費を大幅に削減し、行政組織をスリム化しようという大胆な構想だ。

背景には、少子高齢化に歯止めがかからない以上、早晩、現行の年金制度が破綻するとみて、それならば現役世代にも恩恵があるベーシックインカムの方がまだまし、という発想がある。

しかし、この制度を導入するには、大きな財政の壁がある。赤ん坊からお年寄りまで、全日本人に一人当たり月五万円を支給するとなると、年間七十二兆円以上かかる計算になる。

現在の一般会計予算の実に七割を占めることになる。これでは、他の施策に使えるカネは、ほとんどないに等しい。年金制度維持に国費を投入している分を差し引いても財源確保のためには、所得税も消費税も大幅に増税せねばならず、超重税国になるのは不可避だ。

そもそもベーシックインカムには、社会主義の香りが芬々と漂っており、「保守政党」としての政策としてはいかがなものか、という根本的な疑問も付きまとっている。導入している国もスペインやイタリア程度。福祉国家でしられる北欧諸国でさえ二の足を踏んでいる。

だが、派遣労働者や正社員でもブラック企業といわれる低賃金、過重労働を強いられる企業に勤めざるを得ない若年層を中心にベーシックインカム導入に期待感が高まっているのも事実だ。令和五年の統一地方選で、関西圏のみならず、東京や神奈川で得票が増えたのも「ベーシックインカムが効いた」(維新関係者)との分析もある。

仮に「ベーシックインカム」制度を導入しても、一般には賃金が上昇することが予想される中、低賃金にならざるを得ない介護などに従事するエッセンシャルワーカーの確保をどうするかなど、財源のほかにも乗り越えねばならぬ壁がいくつもある。

そんな壁やリスクを、どんな方法で乗り越えようとしているのか。あるいは、さっさとあきらめて別の道を模索するのか。維新が真の「国民政党」に成長するためには、避けて通れぬ難問である。

3 最大のネックは大阪・関西万博

❖大成功した一九七〇年の大阪万博

維新が「国盗り」の野望を成就させるために、最大の障壁となっているのが、「2025大阪・関西万博」である。

建設費の高騰、作業員不足による工期遅延、メキシコなど参加表明国の撤退などマイナス要素ばかりが話題になる「2025大阪万博」だが、つい最近までは「維新」の得点として宣伝材料になっていた。

困難を極めた大阪への万国博覧会誘致成功は、維新黎明期の「橋下徹―松井一郎」体制下における画期的な成果だったからだ。

そもそも「もう一度、大阪で万博をやろう」と提唱したのは、前回の昭和四十五（一九七〇）年に開かれた大阪万博で通産省官僚として誘致に主導的役割を果たし、成功に導いた作家・堺屋太一である。

大阪府知事選挙に出馬するよう橋下を口説き、「維新」の最大の理解者であり、支援者だった堺屋にとって大阪万博は、ライフワークとさえいえるものだ。

前回の大阪万博は、急速に進んだ東京一極集中下で衰退しつつあった大阪にとって戦後最大の成功体験だった。

正式名称・日本万国博覧会（Expo'70）は、「人類の進歩と調和」をキャッチフレーズに昭和四十五年三月十五日から九月十三日まで百八十三日間にわたって、大阪府吹田市の千里丘陵で開催され、合計六千四百二十一万人もの観客を集めた。この記録は、二〇一〇年の上海国際博覧会まで破られることはなかった。

昭和四十五年の日本の人口は一億三百四十万人だったから、二人に一人どころか、三人に二人近くが会場に足を運んだ計算になる。

私は当時、神戸市に住む小学二年生だったが、親にせがんで半年の開催期間中、少なくとも七回は会場に足を運んだ。

アメリカ館の目玉だった「月の石」を一目見ようと炎天下五時間も並び、見たとたん「ただの石じゃないか」とがっかりしたことや、あまりの行列の長さに観覧を断念した三菱未来館の映像が特撮の神様、円谷英二の遺作だったことを閉会後に知り、切歯扼腕したのを鮮明に覚えている。

ちなみに三菱未来館では、「五十年後の未来」、つまり二〇二〇（令和二）年の社会を予測している。

これがなかなか面白く、ガンは克服され、家事はボタン一つで終わることになっている。高度成長期の活気あふれるお祭りムードが、会場全体にあふれ、何回行っても飽きなかった。

エキスポランドと名付けられた大型遊園地も併設され、東京ディズニーランドも大阪のユニバーサル・スタジオ・ジャパンもなかった当時、万博は大人も子供も熱狂させる一大アミューズメントパークでもあったのだ。

その後、日本では茨城県でつくば科学万博（昭和六十年）、愛知県で愛・地球博（平成十七年）など「万博」を冠したイベントが開催されたが、観客動員は二千万人を超えるのがやっとだった。

ファミレスなど外食産業が勃興した

驚異的な観客動員のみならず、大阪万博は、経済効果も、その後に及ぼした社会への影響も大きかった。

最寄りの鉄道駅から遠く離れていた会場の千里丘陵まで、多くの観客を運ぶため地下鉄御堂筋線が延伸された（北大阪急行）結果、竹藪が生繁っていた千里丘陵は大阪の一大ベッドタウンに変貌した。

新幹線「ひかり」もそれまでの十二両編成から十六両に長大化、前年に全線が開通した東名高速も輸送量が激増し、東西の大動脈が万博を機に名実ともに整備された。

大阪だけでなく京都や神戸にホテルの新設が相次ぎ、海外からの観光客も急増した。

それだけではない。

万博がきっかけで、ファミレスやファストフードなど外食産業が、勃興したのである。万博のアメリカゾーンに、ロイヤル（現ロイヤルホールディングス）が出店した「ロイヤル・アメリカン・キャフェテリア」が、大ヒットしたのがきっかけだった。

同店は、客がセルフサービスでハンバーグなどの料理を選んでレジで会計するという当時、日本ではほとんどなかったカフェテリア方式を導入し、連日満席の盛況だった。私も長い列を並び、「これがアメリカか！」と子供心に〝感動〟した記憶がある。味にはあまり感動しなかったが。

ロイヤルが採用したのは、アメリカで普及していたセントラルキッチン方式である。セントラルキッチンとは、一か所で食材を集中的に調理し、冷凍・冷蔵技術を駆使して複数の店で均一の味を提供する方式で、ロイヤルはなんと、福岡の工場から大阪まで専用トラックで一日最大五千食分の食材を連日、運んだという。

このロイヤルホールディングスが運営する「ロイヤルホスト」に、維新代表を務める馬場伸幸が、高校卒業後、就職していたというのだから維新と万博とは因縁が深い。

前回大阪万博での経済効果は、四兆九千五百九億円にのぼるともいわれ、大阪万博は、関西だけでなく、日本全体にとっても昭和三十九年の東京五輪と並ぶ戦後最大のイベントだったといっても過言ではない。

❖堺屋が二人を熱く口説く

夢よもう一度。

発端は、東京で再びオリンピックが開催されることが決まった平成二十五（二〇一三）年九月の直後まで遡る。

大阪・北浜の鮨屋で大阪府・市の特別顧問を務めていた堺屋を囲んで、松井（大阪府知事）と橋下（大阪市長）の三人で会食していたときのこと。

堺屋は二人に熱くこう口説いた。

「大阪都構想に並んで、大阪府民に希望を持ってもらうためにも、そしてなぜ大阪府と大阪市が一つになる大阪都構想が必要なのかを示すためにも、もう一度大阪万博をやろう！」

（『橋下徹の『問題解決の授業』』vol.139、プレジデント社）

さらに堺屋は、昭和の東京オリンピックと大阪万博がワンセットで日本の高度成長を確たるものとしたのと同じように、令和の東京オリンピックと大阪万博もセットで、成熟した少子高齢化社会を迎えた日本が進むべき道を示そう、と主張したという。

ここから水面下で、「二度目の大阪万博」プロジェクトが動き出した。翌年の八月には、橋下が正式に大阪万博の招致に取り組む方針を表明。平成二十七（二〇一五）年四月に大阪府は、「国際博覧会大阪誘致構想検討会」を設置した。

だが、「なんで今さら大阪で万博をやるのか」などと、経済界をはじめ地元の反応は、薄かった。万国博覧会を所管する経済産業省をはじめ中央省庁も冷ややかだった。

万博誘致に批判的な意見を持つ有識者も少なくなかった。

大前研一は「『オリンピックがダメなら万博を呼ぼう』では、五十年前の発想と変わらない。もはやインフラをつくっただけでレガシーになる高度成長期ではない。万博という と未来技術のお披露目会的な意義が強いが、ネットで何でも見られる時代に万博をやる価値がどれだけあるのか」（プレジデント・オンライン）と、手厳しく批判していた。

❖安倍晋三首相の鶴の一声

そんな厳しい情勢の中、日本政府が「大阪・関西万博」誘致をバックアップしだしたのは、当時の首相、安倍晋三の鶴の一声があってこそだった。

この年の師走、松井、橋下と安倍、そして官房長官だった菅義偉の四人が、都内で忘年会を開いた。

宴もたけなわになったころ、松井は「超高齢化社会の問題を解決できるモノや技術、サービスを生み出すことができれば、世界中が欲しがるに違いない。それらを大阪が提供できることを、万博で世界に発信したい」と熱心に安倍をかき口説いた。

安倍は「それは挑戦しがいのある課題だよね」と応じ、「菅ちゃん、ちょっとまとめてよ」と官房長官に声をかけた。

菅がさっそく、経済産業省に「大阪に協力するよう」指示したのは言うまでもない。

以降、大阪万博招致へ向けた活動が政府でも本格的に動き出し始め、平成二十九（二〇一七）年四月十一日、立候補が閣議了解され、二十四日に正式に立候補を表明した。

招致合戦は熾烈を極めた。開催期間が半年に及ぶ万博は、巨額の経費が掛かる割に開催期間が短いオリンピックより、人気が高いのである。

「２０２５万博」に立候補したのは、フランスのパリ（立候補後にパリは二〇二四年オリンピック誘致に成功したため、取り下げ）とロシアのエカテリンブルク、アゼルバイジャンの首都バクーに大阪と四都市だったが、最大のライバルとみられたのはバクーだった。

イスラム教国であるアゼルバイジャンは、中東各国を中心に支持を固めていたほか、産油国でもあり、資金力が豊富で、「投票権を持つ各国の委員にロレックスを配っているという噂もあった」（招致活動に携わった関係者）ほど。

対する日本側は、招致予算が限られ苦戦を強いられたが、「ピカチュウやキティちゃんグッズが大人気で助かった」（前出の関係者）という。

それよりも大いに力があったのは、首相自らのトップセールスだった。

既に六年以上も首相に在任していた安倍は、選挙運動よろしく二国間の首脳会議でも国際会議の場でも「大阪をよろしく」と首脳たちに声をかけ続けたのである。

平成三十（二〇一八）年十一月パリで開かれた博覧会国際事務局（ＢＩＥ）総会で、開催地を決めるため行われた第一回投票で、日本は八十五票を獲得し、二位となったロシアと共に決選投票に進んだ。決選投票でも九十二票対六十一票の大差でロシアを破った。

❖「大阪万博五人衆」が表舞台から去った

ここまでだったら、橋下、松井と安倍、菅ががっちりタッグを組んだサクセスストーリーで終わったはずだった。

招致成功を見届けた堺屋が、翌年二月に八十三歳でなくなってから事態は少しずつ暗転していく。

招致が成功した時点で既に、大阪都構想の是非を問う一回目の住民投票に敗れた責任をとって橋下はすでに政治家を引退していたが、令和二（二〇二〇）年十一月に実施された二度目の住民投票も否決され、今度は大阪市長の松井が、令和五（二〇二三）年限りでの引退を発表してしまったのだ。

中央でも新型コロナ禍の対応で体調を崩した安倍が政権を去り、後を継いだ菅も一年しか政権が持たず、宰相の座を岸田文雄に譲った。しかも安倍は、令和四（二〇二二）年七月、凶弾に倒れてしまう。

二〇二五大阪万博の誘致に尽力した中心人物五人が、令和五年三月までにすべて政治の表舞台から去ってしまったのである。

松井の政界引退を待っていたかのように、大阪万博をめぐるマイナス材料が次々と明るみにでて、数々の懸案に有効な対策を打ち出せていないのも偶然ではない。

党代表の馬場伸幸も共同代表の大阪府知事、吉村洋文も幹事長の藤田文武も万博誘致当初から関わってきたわけではないため、「どうしても大阪万博を成功させる」という意気込みが、「大阪万博五人衆」に比べて弱く感じるのである。しかも経済効果がいくらになるかといった具体的な数値に裏付けられた理論武装も弱い。

2ちゃんねる創始者でひろゆきこと西村博之とユーチューブ番組で対談した幹事長は、ひろゆきから「完全に間違ったことやっていません？　万博大成功する自信あります？」とつっこまれても、うまく答えられなかった。

政府と大阪府・市は、予定通り二〇二五年三月に開催する方針を崩していないが、「成功」へのハードルは高い。

まず、何をもって「成功」とするかを明確にし、責任を押しつけあわず、国と大阪府・市、経済界が三位一体となって課題を解決するしかない。

何よりも開催地である大阪府・市民のみならず、国民の多くが、「一九七〇大阪万博」のようなわくわくドキドキするイベントにできるかどうかがカギとなる。

「二〇二五大阪・関西万博」の想定来場者は、二千八百二十万人だが、仮にこの数字を大きく下回れば、赤字額が莫大となり、「失敗」の烙印を押されるのは確実だ。

そうなれば、これまで議員定数を削減し、公務員や議員の給与を減らして「身を切る改革」をキャッチフレーズにしてきた維新が、他党から「万博という無駄な事業のために税金をどぶに捨てた」と攻撃されるのは必至となり、「国盗り」なぞ夢のまた夢となる。

「大阪・関西万博」の成否は、好むと好まざるとにかかわらず、維新の未来と直結してしまったのである。

第五章

どこへ行く維新

〈藤田幹事長インタビュー〉

藤田文武《ふじたふみたけ》

昭和五十五（一九八〇）年十二月、大阪府寝屋川市生まれ。筑波大学体育専門学群卒。府立高校保健体育科講師、ベンチャー企業の執行役員を経て起業。平成二十九（二〇一七）年十月、日本維新の会公認で衆院大阪十二区に出馬するも落選。二年後の同区補欠選挙で初当選。令和三（二〇二一）年十一月、日本維新の会幹事長に四十歳で就任。著書『40代政党COO日本大改革に挑む』（ワニブックス）

令和五年の統一地方選挙で躍進し、真の全国政党に一歩踏み出した日本維新の会。これから「維新」は何を目指し、どのような政権戦略を持っているのか。自民党とは何が違い、何が同じなのか。弱冠四十三歳で、衆院当選二回ながら党幹事長を務める藤田文武に衆院議員会館でズバリ聞いた。

❖冷やかし半分で維新塾に

――藤田さんは、教員経験を経て起業した「青年実業家」出身と聞いていますが、なぜリスクの高い政治家を志したんですか。

藤田　もともと政治家は大学くらいからなんとなく志してはいましたが、具体的に意識しだしたのは「維新」が大阪府知事と大阪市長のダブル選挙に勝利した翌年の平成二十四（二〇一二）年に開いた「維新政治塾」に入ってからです。政治塾は大きな出会いの場でしたね。私は筑波大学ラグビー部を卒業（笑）、いや体育専門学群を卒業した後、就職活動に失敗し、教員、留学、ベンチャー企業の社員を経て二十八歳で起業しました。会社経営を通じてさまざまな規制や法律の壁にぶち当たって何とかしなければ、と思っていたときに橋下徹さんが颯爽とあらわれ、地元大阪で改革のうねりを感じていたころです。

——それで維新政治塾の門を叩いたと。

藤田　最初は、維新は改革、改革と口では言っているけど本気でやろうとしているのか、橋下さんってどういう人か、この目で確かめてやろうというくらいの軽いノリだったんです。それが行ってみるとすごい熱量があった。橋下さんたちが既得権益を打破して改革を実現させようという、それまでの日本政治のスタイルとは全然違った姿をみせてくれたんです。普通、日本の改革と言えば、ほんの少し規制を緩める、既得権益の受益者に少し厳しくする、名称を変えるといったものでしたが、橋下さんは補助金にしろ何にしろ、少し減らすといった微温的なことをせず、「いったん全部やめよう」と大ナタをふるような大胆な手法。その姿勢に大いに共鳴しました。塾生たちも熱かった。当時は維新が、国政に打って出る前で、海のモノとも山のモノともわからない状態だったのに全国から数多くの優秀でパイオニア精神にあふれた人々が大阪に続々と集まってきていた。そういう人たちに感化されたのは確かです。塾の同じ班には足立康史さん（現衆院議員）もいて、毎回、塾員同士で喧々囂々の論議をしました。

❖住民投票否決でスイッチ

――でも、入塾したその年に実施された衆院選には立候補しなかった

藤田　周りや関係者からは「（候補者として）手を挙げたらどうや」と何人もの方から声をかけていただきました。でもそのときは、経営していた会社がつぶれかねないほど、吹けば飛ぶような状態だったので、とても手を挙げられる状況ではありませんでした。

――それがどうして五年後の衆院選に出馬したんですか？

藤田　平成二十七（二〇一五）年に実施された大阪都構想実現の是非を問う住民投票が否決されたことが大きいですね。最初の住民投票では、維新を除く主要政党すべてが反対に回り、僅差で否決されました。橋下さんも責任を取って政治家引退を表明。府民の空気も「これで維新は終わった」という空気が強かったじゃないですか。そのとき、私がひねくれているのかもしれませんが、「これで改革を、維新を終わらせてしまってはいけない」という気持ちが高まり、逆にスイッチが入ってしまったんです。

――しかし、最初にチャレンジした平成二十九（二〇一七）年十月の衆院選は、敗れ去った

藤田　私の選挙区（衆院大阪十二区・寝屋川、大東、四條畷市）は、それまで大阪府内で、維新が候補者を出しても当選できなかった唯一の選挙区だったんです。自民党は父親の地盤を引き継いでいた北川知克さん、野党は総務大臣も務めた樽床伸二さんら強敵揃いで、簡単に言うと、維新が一番弱い選挙区だったのかもしれません。このときは無所属で出馬する構えをみせていた樽床さんが、希望の党から出馬することになって比例代表に回り、事実上、私と北川さんの一騎打ちになりました。結局、私が六万四千五百三十票、北川さ

んが七万千六百十四票とあと一歩届きませんでした。本当に悔しかったですね。一夜明けて馬場さん（伸幸、現代表）に電話したところ「藤田君、絶対にあきらめたらあかんで。勝つか負けるか、最後は〝運〟はあんねん。これは運や。でも、その運を摑むためにがんばれ」と励まされたのは、今でも胸が熱くなります。

――その北川さんが選挙の翌年に亡くなられ、補欠選挙が平成三十一年に実施され、初当選します。

藤田　この選挙には、北川知克さんの甥である北川晋平さん、樽床さん、共産党の宮本岳志さんが立候補して大激戦になりました。私の方は、新規事業に失敗したときのように選挙期間中に克明につけていた「活動メモ」をもとに敗戦の原因を徹底的に検証し、落選の翌日から選挙区をくまなく回ってポスターを貼っていきました。同時に、補欠選挙の直前に行われた府知事選と大阪市長選のダブル選挙で再び維新が圧勝した勢いに乗れたのも確かです。

❖想像以上に硬直していた国会

――今は衆院二期目ですが、国会議員になる前に思い浮かべた姿と実際に議員になった今とではどう違いますか。

藤田　思っていた以上に国会は硬直化していました。ほとんどの議員はわかっているんですよ。いまの現状を変えないといけないのは。確かにコロナ禍などを機に国会のデジタル化にしろ、議場のバリアフリー化や何にしろ、ちょっとずつは変わっています。でも、根本的なことは何も変わっていない。若手・中堅の自民党議員一人ひとりは優秀で、変えようという意思はあるのに変えられない。やはりいろいろなしがらみがあり、大ナタを振るえない組織原理がある。そのほかの政党もそうです。改革の大ナタを振るえるのは維新だけでしょう。中には「やりたいことをやるには政権与党の自民党の中に入ってやった方が早道ではないか」と言う人もいます。でもそれじゃぁ組織原理に縛られて三十年経っても変えられないと思う。

――自民党の「改革派」と呼ばれた若手議員も当選を重ねるにつれ、いつしか「守旧派」と妥協してしまってますよね。

藤田　自民党一強の政治状況だから改革が進まないと思うんです。日本維新の会を自民党に代わる選択肢として有権者に選んでもらえるほどに育てるのが、幹事長としての使命だと考えています。

❖橋下さんと一緒に仕事をしたい

――維新は「次の総選挙で野党第一党になる」ことを目標にしていますが、現時点でメドは立ちましたか（インタビューしたのは令和五年十一月一日）

藤田　五分五分です。前回の参院選（令和四年）で、日本維新の会は、比例票で立憲民主党を抜きました。これは党の実力よりも期待感の方が強かった結果だと思いますが、ターニングポイントになりました。ただ、衆院選は小選挙区と比例代表の組み合わせで、組織票のない維新が、小選挙区で勝つのは相当難しい。現在、立民の衆院会派は九十六人で、維新は半分以下の四十一人。維新が小選挙区で本当の意味で勝負できるのは、ほとんど関西だけですから、次の衆院選で野党第一党になれるかは五分五分です。

——もし野党第一党に躍進すれば、次の目標をどこに置きます？

藤田　次の総選挙で、維新として野党第一党を目指しますが、野党全体の目標は、自民・公明の与党過半数割れです。次回が無理なら次々回でも。そこに持ち込むことができれば、政治の構造を変えることができる。自民党の中には今でもさまざまな亀裂がありま す。大都会選出と地方選出、高齢者と三、四十代、改革派と守旧派。政策でもそう。財政規律派と積極財政派や憲法改正へのスタンスなどなど。そんな亀裂の中のいくつかが、党を割るトリガーになる可能性があります。今は、「自民一強」という強い権力で分裂の芽を抑え込んでいますが、維新が野党第一党になった上に与党が過半数を割ると、政治状況はまったく違ってくる。自民が健全に割れるような状況が生まれれば、政治構造が激変し、本当の改革競争が進むはずです。

——野党第一党を目指すとなると、やはりネックとなるのが、東京をはじめとする関東地方ですね。特に現職の小池百合子都知事の進退も気になる都知事選が、令和六年に迫ってきました。

藤田　これは極めてシンプルに考えています。当選の可能性が少しでもある選挙区には「古い政治はやめましょう」をキーワードに、有権者の選択肢を増やすために必ず候補者を出そうというのが基本方針です。令和五年の統一地方選でも多くの候補者を擁立し、東京の区・市議や神奈川の県・市議が大幅に増えたように、どの地域にも維新の議員がいて地域の為に活動している姿を実際に見ていただく。そのうえで、衆院選でも全選挙区で候補者を擁立することを目指しています。都知事選も小池さんがどうされるか、現時点では不透明ですが、できれば維新の候補者を出したいと考えています。

――都知事選では「橋下徹擁立説」が浮かんだり、消えたりしています。

藤田　橋下さんは、維新の創業者でありますが、われわれのガバナンスの中にいる人ではありません（笑）。ご本人も全否定しています。ただ、橋下さんを素晴らしいと思って維新の門を叩いた人間として個人的な思いを言えば、この先ずっと民間人でいらっしゃるのは、日本の政治にとって非常にもったいないと感じています。ご存じのように私は橋下さんと一緒に仕事をしたことがありません。一人の後輩政治家として、橋下さんのような素晴らしい能力をもった人と一緒に仕事をしてみたい思いはあります。

――ただ、東京は日本で一番豊かな地方自治体なので、「改革」に対する切迫感が破産寸前とまでいわれた大阪府とは違うのが、維新がもうひとつ伸びない理由ではないかという説があります。ひところ売れに売れていた「改革」本も最近は、さっぱり売れません し。

藤田　一番大事なのは、有権者との危機感の共有だと思います。東京は確かに日本の富が一極集中していますが、問題も数多く抱えている。なぜいま、社会保障や税制の抜本的な大改革が必要なのか。社会保険料の伸び率が給料のアップ率より上回っている状況が続き、現役世代の可処分所得が下がり続けている。このままでは、日本は沈没してしまう。政権は当然、責任を追及されたくないから、「日本の社会保障制度はうまくいっている」かのごとく装っているが、そうじゃない。真実を知ってもらい、危機感を持ってもらうことで初めて我々の主張に耳を傾けてくれると思います。

❖「国盗り」は衆院選三回以内

——維新の打ち出した政策パッケージ「日本大改革プラン」では、ベーシックインカム（無条件ですべての国民に六〜十万円を支給）の導入や大幅な税制改革、社会保障の見直しなど「グレートリセット」と称して大胆な政策を提案しています。ただ、こういった政策を実現するには、政権を取るか政権に参画しないといけません。「国盗り」までどのくらいの時間を考えていますか？

藤田　大きな改革を実現するには、政策と政治構造がマッチすることが不可欠です。政治構造でいえば、「自民一強」体制が続く限り、大胆な改革はできません。だから、維新は、まず「自民一強」体制を崩すことに全力を挙げます。ですから時間軸で言うと、次の衆院選を含めて三回の衆院選で政権をとる、という構想を馬場代表との間で話していいます。つまり、今から七、八年以内に維新の力をつけてそこまでいきたいと。一方、道州制導入など地方分権や社会保障改革など統治機構の改革は時間がかかる。政権を取ったからといってすぐさま今日、明日にできるわけではないからです。これは五年、十年かけて改革すべき課題。ただ、日本の経済情勢を考えると、そんなに悠長にやってられない。できるだけ前倒しして、早く具体的な政治日程に上げることが大事です。だから野党のときの振る舞いが重要になってくる。次回衆院選で維新が野党第一党になったら国会改革を主導することはもちろんのこと、国会で社会保障改革など中長期的なアジェンダを各党が公にしたうえで、丁々発止の議論をしていきたい。

――確かに「三回後の衆院選で政権を取る」策は王道ですが、維新の支持者の中には、「そんなに待てない。自民と連立政権を組んで、実現できるものから改革を進めてほしい」という声も出ています。

藤田　自公両党で過半数を維持している今の政権の枠組みに、我々が加わる形での連立政権は百パーセントありません。もし、自公両党あわせても過半数を割り、与党内にさまざまな亀裂が入ってアジェンダの選択肢が提示され、政策論争が起きた場合に、大きな政策を実現するためにわれわれが部分連携することを現時点で否定する必要はないと思います。ちょっとまわりくどい話になりましたが、要は、どこの党とあそこの党がくっつくといったメディアの大好きな「組み合わせの話」はやめようということです。立憲民主と共産がくっつけばあそこの選挙区は勝てるといったような（笑）。妥協してたった一回選挙に勝つよりも、主義主張を通して一回や二回選挙に負けても信念を持って改革を訴える。そりゃ辛い道ですが（笑）、結局、この方が党もヒトも強くなると思います。まず生え抜きの議員を徹底的に増やしたうえでなければ、組み合わせや政局を考えてもダメです。だから歯を食いしばっても生え抜きの議員を増やそうとしているんです。

❖安倍晋三と維新

――大阪のある財界人にこの前会ったんですが、「安倍晋三亡き後、維新と自民党のパイプが細ったのではないか。大阪万博も心配だ」と危惧していました。

藤田　よく自民党と維新の関係については、安倍さん、菅（義偉、元首相）さんと橋下さん、松井さん、馬場さんとの結びつきが強い印象がありますが、当時からパイプはその一本だけではなかったと思います。例えば、萩生田光一さん（元自民党政調会長）と馬場代表、西村康稔さん（元経済産業相）と吉村（洋文）大阪府知事などさまざまあり、丁々発止とやっています。ただ言えることは、安倍・菅政権と今の岸田政権とは、政策思想的にいっても少し色合いが違うということです。特に岸田政権には改革への明確な意思の強さを全く感じません。まあ、野党としては、正々堂々と改革の是非で対峙でき、かえってやり易いですが。

――そういう点では、憲法改正や安全保障政策、行財政改革の推進など安倍さんの遺志をついでいるのは、自民ではなく、むしろ維新ではないか、とさえ思うのですが。

藤田　確かに安倍さん、菅さんが描いていた理想像と維新の政策は近しかったと思います。ただ、安倍政権は「大人の政権」でした。

政権運営が上手で、自民党内の各勢力を硬軟とりまぜてうまく押さえていました。党内の抵抗が強い政策は、敢えて「ゆっくり」進めるやり方も使う。だからわれわれの理想や政策と必ずしも一致していたわけではありません。ただ、国家の基本政策に関する方向性は共感できるところも多かったですね。

❖「八番キャッチャー」を総理に

——維新から選挙に出た人は、冗談半分本気半分で「党は何もしてくれへん」と愚痴ってますが、幹事長の場合はどうでした？

藤田　少しだけありました（笑）。私の場合、落選期間を含めた初当選まで、選挙区支部長として月々三十万円の活動費を使わせてもらいました。党本部として各地の支部長（公認候補予定者）のサポートを強化するため、活動費を月々五十万円に上げ、できるだけ公平かつ柔軟に候補者を支援する仕組みを構築中です。小選挙区で強力な他の候補者に勝とうとすれば、事務所を借り、スタッフを雇い、ビラを刷るだけでも相当なおカネがかかります。

——外から見ると、維新公認の候補者は、自民候補に比べ選挙にかけるカネが一桁少ないように見えますが、やはりそれなりの資金と覚悟が必要ですね。

藤田　理想と現実の狭間がありますね。一般論から言えば、もちろん、立候補する人のハードルは低い方がいいんです。ただ、実際に国政選挙にチャレンジして一度落ちた身から言うと、選挙や政治家という仕事は、かなりストレスフルで体力も必要だし、精神的にも強くないといけない。会社の経営でも遊び半分でやっていたらすぐつぶれるように、国民の生活に大きな影響を与える政治家になれば、その間は本気で政治に取り組まないといけないし、政治家という職業で儲けようとしてもらっては困る。だから立候補する人は、会社員でも起業家でも公務員でも弁護士でも学者でも社会活動でもどんな分野でもいいから、自分に自信を持てる実績を上げてきた人を国民が求めているという現実は、当然あると思います。

——藤田さんは、いま四十代前半です。党ではCOO（Chief Operating Officer、最高執行責任者）の立場ですが、将来は当然、党のCEO（Chief Executive Officer、最高経営責任者）のみならず、国家のCEOともいえる総理大臣の椅子を狙いますね？

藤田　国会議員をやっているからには、トップを目指していきたいですが、その前に私を政治家として育ててもらった馬場伸幸代表をトップに押し上げたい。初めて馬場さんにお会いしたのは、衆院大阪十二区の候補者公募の面接官としてでした。最終選考まで残った応募者の中から最後の一人を幹部たちが決めあぐねたところ、私を強く推したのが馬場さんと聞いています。前代表の松井さんに幹事長ポストを推薦してくれたのも馬場さんです。高校を卒業したのち、飲食業で名を成そうと調理師免状をとった政治家として異色の経歴を持つ馬場さんは、自らを「四番ピッチャー」ではなく、「八番キャッチャー」と謙遜しています。しかし、「汗は自分でかきましょう、手柄は他人にあげましょう」という竹下登流の行動だけでなく、「決断できるリーダー」としてのアンテナの高さと意思決定の速さは、身近にいる者だからこそよくわかります。

おわりに

祇園精舎の鐘の声　諸行無常の響きあり

「平家物語」の冒頭ほど、永田町の住人に染みるものはない。

昨年の正月、誰が「安倍一強」時代に栄耀栄華を誇った自民党と、同党最大派閥の清和会が、そろって崩壊の危機に瀕すると予想しただろうか。

■福田赳夫を再発見せよ

「政治資金パーティー券」事件は、古くて新しい自民党の派閥問題に波及したが、皮肉なことに、清和会の創始者である福田赳夫こそ、派閥解消を真っ先に唱えた政治家だった。

福田が、清和会という正式な派閥をつくったのは、首相退任後であり、それまでも「福田派」と呼ばれる議員集団はあるにはあったが、他派閥に比べ統制が弱く、議員サロン風な集まりに過ぎなかった。

ライバルの田中角栄率いる田中派が、さまざまな分野の族議員を揃えて「総合病院」と称して、地元への利益誘導をシステム化し、当選期別にポストを割り振る上下関係のはっきりした体育会系組織だったのと対照的だった。

有名なエピソードがある。昭和四十四（一九六九）年の衆院選に無所属で出馬し、当選した森喜朗は、挨拶のため福田邸を訪ねた。

このとき森は、所属する派閥を決めておらず、当然、入会支度金として多額の「お土産」をもらえると思い込んでいた。当時、幹事長だった田中角栄がそうだったように。ところが、福田は夫人の手料理で森を歓待したものの、「お土産」は一切、渡さなかった。

それから三年後、「ポスト佐藤栄作」を決める自民党総裁選で、福田と田中は激突する。勝敗を分けたのは、中曽根派を率いていた中曽根康弘の動向だったが、彼は福田と会談する前に、カネやポストで好条件を出していた田中を支持する意向を固めていた。

この情報を中曽根秘書から得ていた森は、会談場所に指定されたホテルニューオータニに向かう車中で「思い切って、二〜三億円出したらどうですか」と進言した。

福田は車を止めさせ、「森くん、降りたまえ！　きみから汚れ切った政治家のような話を聞くのは、ぼくは耐えられない。もう破門だ！」と烈火のごとく怒ったという。

もちろん、中曽根は田中支持を変えず、福田は一敗地にまみれた。

清和会創設後も、福田は自らカネを所属議員に渡すことはなかったというが、清和会の体質が大きく変わったのは、福田が亡くなった平成七（一九九五）年の後だ。

平成十（一九九八）年、清和会第四代会長に就任した森は、「普通の派閥」化に腐心した。当時の清和会は、会長の森が党幹事長を務めていたものの、田中派の後裔である平成研究会や宏池会が自民党の主流だった時代で、傍流に過ぎぬ存在だったのは、前述した通り。派閥の集金力も弱く、パーティー券も売れ行きが悪かった。

このためノルマを超えて売った議員や秘書に「報奨金」をキックバックする手法を採り入れたものとみられる。

その後、森が首相に就き、小泉純一郎も続いたことで、パーティー券の売り上げが激増、派閥の加入者も右肩上がりとなって、ついには自民党最大派閥に上り詰めた。

これまた皮肉なことに、福田が忌み嫌った田中派のようなカネまみれの組織に清和会が、変質してしまったのである。

安倍なき後、「五人衆」という集団指導体制を敷いた清和会は、スキャンダルをきっかけにまったくの機能不全に陥った。

百人をはるかに超えた田中派が絶頂期に分裂したように、清和会もまた分裂するのが自然の摂理だろう。

派閥分裂は、構成員にとって短期的にはマイナスだが、世代交代を進める上では、絶好の機会である。我こそは、と思う人材はどんどん仲間を集め、新しい旗を掲げればいい。

一方で、清和会を護りたいという人々は、今こそ「金権政治」に抗い続けてきた福田赳夫の精神を再発見し、カネに頼らない政治を実践すべきだろう。

それこそが、安倍の死で沈滞を余儀なくされている日本の「保守政治」に新たな命を吹き込むことにつながる。

「安倍政治」の継承掲げよ

「自民党崩壊」の危機は、政界再編の呼び水ともなり得る。

そのためには、日本維新の会や国民民主党など保守系政党のさらなる奮起が必要だ。

特に維新は、維新八策をはじめとする「理念と政策」をさらに磨く必要がある。

経済政策の目玉にしているベーシックインカムにしても理論的にも政策的にも練り直す必要がある。

維新が、各種選挙の公約で一丁目一番地にしている「身を切る改革」にしても、それだけでは訴求力が弱い。昨今の世論調査で伸び悩んでいるのもむべなるかな。

「身を切る改革」の先に、しっかりとした国家目標を据えて初めて自民党に代わる選択肢となり得る。憲法改正ももっと強力に主張すべきだ。

自民党が混迷している今こそ、「安倍政治の継承」を掲げるのも一策だ。「真の保守党宣言」とでも言い換えてもいい。

もう一つは、人材の補強である。

維新は、発展途上の政党だけに、やむを得ないことだが、中堅・若手に比べ、ベテラン層が薄い。しばらく混乱が続くのは必至の自民党からの「亡命者」を積極的に受け入れるのも一つの手だろう。もちろん、「玉石」の石を除く作業は不可欠だが。

■あるか⁉「令和の保守合同」

自民党大阪府連の重鎮として長年、維新と戦ってきた元衆院議員、柳本卓治は「恩讐を越えていまこそ『令和の保守合同』をすべきときだ」と訴える。

自民、日本維新の会、国民民主に大きな政治信条の違いがない以上、憲法改正実現を大義名分に、保守勢力が一致団結することが、日本の危機突破には不可欠だという。

自民党結党のきっかけとなったのは、造船疑獄が吉田自由党に与えた強い打撃だった。同時に鳩山一郎率いる日本民主党が、衆院選で大幅に議席を伸ばしたために「保守合同」が実現したともいえる。

政治の一寸先は闇である。次期衆院選の結果次第では、どんな再編劇があってもおかしくない。もちろん次期総選挙で、われわれ有権者は、熟慮に熟慮を重ねた上で、一票を投じなければならないのは言うまでもない。

揺れ動く政局に翻弄されながら、ようやく本書も終着駅が見えてきた。

最後に「自民党崩壊」という刺激的な企画を提案してもらっただけでなく、原稿の遅さに我慢しつつ、適切なアドバイスで窮地を救ってくれたビジネス社の中澤直樹氏、お忙しい中、取材に応じていただいた皆さん、そして妻の桂子に、満腔の感謝の意を表して稿を脱したい。

令和六年正月吉日

乾　正人

参考文献

『政治家の喧嘩力』松井一郎著、ＰＨＰ研究所
『橋下徹の「問題解決」の授業 Vol.139』橋下徹著、プレジデント社
『体制維新―大阪都』橋下徹 堺屋太一著、文春新書
『大阪都構想&万博の表とウラ全部話そう』橋下徹著、プレジデント社
『橋下徹研究』産経新聞大阪本社社会部取材班編著、産経新聞出版
『40代政党ＣＯＯ日本大改革に挑む』藤田文武著、ワニブックス
『岸信介最後の回想』加瀬英明監修 聞き手加地悦子、勉誠出版
『岸信介証言録』原彬久編、中公文庫
『回顧九十年』福田赳夫著、岩波書店
『評伝 福田赳夫』五百旗頭真監修 井上正也 上西朗夫 長瀬要石著、岩波書店
『政治とは何か 竹下登回顧録』竹下登著、講談社
『聞き書 武村正義回顧録』御厨貴 牧原出編、岩波書店
『日本政治のウラのウラ 証言政界50年』森喜朗著 聞き手 田原総一朗、講談社
『新しい国へ 美しい国へ 完全版』安倍晋三著、文春新書

『安倍晋三回顧録』安倍晋三著、中央公論新社
『安倍なきニッポンの未来 令和大乱を救う13人』乾正人著、ビジネス社
産経新聞、朝日新聞、日本経済新聞、毎日新聞、読売新聞、北國新聞
NHKニュース、ABEMA Prime
『正論』、『文藝春秋』、『中央公論』、『Hanada』、『週刊文春』
京都産業大学ホームページ

【著者略歴】

乾　正人（いぬい・まさと）

1962年、兵庫県神戸市生まれ。筑波大学比較文化学類卒業、1986年4月、産経新聞社入社。新潟支局、整理部、政治部などを経て政治部長。その後、編集局長、論説委員長を経て、現在、上席論説委員兼特別記者兼コラムニスト。

著書に『官邸コロナ敗戦』『「影の首相」官房長官の閻魔帳』（以上、ビジネス社）、『令和阿房列車で行こう』（飛鳥新社）など。

自民党崩壊

2024年2月1日　第1刷発行

著　者　乾　正人
発行者　唐津　隆
発行所　株式会社ビジネス社
〒162－0805　東京都新宿区矢来町114番地　神楽坂高橋ビル5F
電話　03－5227－1602　FAX 03－5227－1603
URL　https://www.business-sha.co.jp/

〈カバーデザイン〉中村　聡
〈本文DTP〉有限会社メディアネット
〈印刷・製本〉モリモト印刷株式会社
〈編集担当〉中澤直樹　〈営業担当〉山口健志

ISBN978-4-8284-2591-7